伊藤まさこの食材えらび

伊藤まさこ

はじめに

「明日の朝は何を作ろう？」毎晩、ワクワクしながら眠りにつきます。朝起きて朝食をとりながら「お昼は何を食べようかな？」と考えます。仕事に出たら出たで「夜ごはんはどうしよう？」と、また次に食べることを考える。車を運転していても、友だちとおしゃべりしていても、本を読んでいるときも。いつも気になるのは、毎日のごはん作りのことなのです。面倒？　大変？　私もそう感じることがないわけではないけれど、「何食べようかな」「何作ろう？」なんて考える時間がとても楽しいのです。

一日三回、毎度毎度やってくる食事の時間。面倒とか大変と嘆くより、面白がってのぞんだ方が人生楽しいんじゃないかという楽観的な性格に加え、もって生まれた（？）食いしん坊魂が、私を台所に向かわせるのかも知れません。

この本の中に出てくるさまざまな食材は、そんな私を助けてくれる心強い味方です。もちろん、ここにたどり着くまでには、いろんな失敗を重ねてきました。でも今では、その失敗もよかったのでは？　なんて思えるようになりました。まさに、失敗は成功のもと。自分が食べるものですもの、自分でえらんで、買い物をして、満足のいく食材を使って料理をしたい。それがやがては自分の体を作ってくれるのですから、食材えらびはおろそかにできないな。そんなふうに思っているのです。

二〇一三年四月

伊藤まさこ

伊藤まさこの食材えらび　もくじ

本書レシピの計量単位は、
カップ1＝200㎖、
大さじ1＝15㎖、小さじ1＝5㎖です。

マイユのコルニッション

あと引くおいしさ

ハンバーガー屋のハンバーガーに入っているピクルスが子どもの頃からどうにも苦手で、かぶりつく前に行儀が悪いと知りつつも、中からピクルスだけ取り出してしまいます。なので、このコルニッションも初めて見たとき、見た目はかわいいけどおいしいのかな？　とちょっと遠巻きに見ていました。「まあ、だまされたと思って食べてみなよ」と熱心にすすめてくれたのは食いしん坊の友だち。リエットと一緒におそるおそる食べてみたら……。あれ？　すごくおいしい！　以来、冷蔵庫の棚にこのコルニッションがないと「買ってこなくちゃ」とそわそわするほどの存在になりました。

ワインのおともにポリポリ。もちろんリエットや生ハム、サラミなどとの相性もよいのですが、細かく刻んだコルニッションをたっぷり入れてタルタルソースを作ると、ひと味違うタルタルソースができ上がります。シャキッとした玉ねぎとコルニッションの酸味、マヨネーズと隠し味に加えた牛乳がなんともいえないバランスのよさなのです。おすすめの食べ方は、エビフライにこのタルタルソースを「これでもか」というほどたっぷりつけてひと口でぱくりと食べること。あと引く味わいです。

← タルタルソース

作りやすい分量

①紫玉ねぎまたは玉ねぎ1/4個はみじん切り、コルニッション10本は粗めのみじん切りにする。
②①にマヨネーズ大さじ8と牛乳大さじ1を加え、よく混ぜ合わせる。
＊フライとともに。

赤ピーマンの炭火焼き

この焦げ目が味の決め手

パプリカの皮がまっ黒焦げになるまでオーブンで焼き、「アチチッ！」なんて言いながら、皮をむく。すると現れるのは、まるで宝石のような、しっとりした身。ほんの少しの塩をつけて食べてもいいし、マリネにしてもいい。なんともおいしいパプリカのオーブン焼きですが、作るのがちょっと面倒なときがあります。そんなときの出番がこの瓶詰め。オーブンで焼く手間もいらず、もちろん水で手を冷やしながら皮をむく必要もなし。ふたを開けたら、瓶の中にはぎっしり焼きピーマンが詰まっている！　初めてこの瓶詰めを見かけたとき、スーパーの棚の前で小躍りしたくなりました。

さて、この焼きピーマンと何を合わせるかというと、鶏のもも肉です。作り方はいたって簡単で、ソテーした鶏と瓶詰めのピーマンを合わせて煮込むだけ、なのですが、とても手の込んだように見える素敵な煮込みができ上がります。焼きピーマンにところどころ残る焦げ目も、味のよい引き締め役になっていて、なかなかいい感じ。我が家の棚には欠かせない存在となっています。

作りやすい分量

①鶏もも肉2枚を大きめのぶつ切りにし、塩、黒こしょう各少々をふってよくもむ。

②厚手の鍋に芯を取ってつぶしたにんにく2片とオリーブオイル大さじ1強を入れ、火にかける。いい香りがしてきたら鶏肉を皮目から入れ、強めの中火で焼く。タイム4枝も加え、ともに焼く。おいしそうな焼き目がついたら返し、裏面も焼く。

③ペーパータオルで鍋中の余分な油をふき取り、赤ピーマンの炭火焼きを1瓶（290g）加え、ふたをして15分ほど煮、塩で味をととのえる。

鶏のパプリカ煮 ←

むら田のいりごま

ごまを買いに、京都まで

← ささみのごま揚げ

料理家の友人に頼まれ、パーティーのケータリングを手伝うことになりました。テーマはお酒に合うメニュー。ささみのごま揚げ、エビと柚《ゆず》こしょうの細春巻き、新しょうがを炊き込んだひと口おむすび……と、ビールにも日本酒にも、ワインにも合うメニューが続々。さすがだなぁ、と思ったのでした。そのとき、仕込みをしながら作り方を教えてもらい、今ではすっかり馴染みのメニューになったのがこれ。あっさりしたささみをごまの風味が包み込み、ビールがごくごくすすむ。はっと気がつくと「あれっ、何本食べたっけ？」なんていうことになるキケンなメニューです。

ごまは京都・祇園にお店を構えるむら田のものを使います。むら田のごまには白と黒があり、私はいつも両方揃え、料理によって使い分けることにしています。ささみのごま揚げも、いつも白ごまと黒ごまの二色作り、ごまの味と風味の違いを楽しんでいます。今や日本全国のデパートやお店で、ありとあらゆるものが手に入るようになりましたが、このごまは別。ごまがなくなったら京都まで買い出しに……。そんな優雅さもまた素敵ではありませんか？

2〜3人分

①鶏のささみ8本は全体に塩、こしょうをし、手でもむ。
②①に薄力粉、溶き卵1個分を順につけ、白ごままたは黒ごま各適量を全体にまぶしつける。
③②を180℃の揚げ油でからりと揚げる。まわりの泡が小さくなり、鶏肉が浮いてきたら揚げ上がりの合図。

エシレのバター

バター好きの とっておきレシピ

「バター屋を開きたい！」というほどバター好きの友だちがいます。バターを売るのかと思いきや、惜しげもなくバターを使った料理をお客様にふるまいたいんですって。一緒にフランスを旅したときにも、スーパーで大量にバターを買い込み（あちらではスーパーでも、とびきりおいしい発酵バターがたくさん売られている）、毎日、バターたっぷりの料理を作ってくれたっけ。市場で買ってきたポルチーニをソテーしたり、じゃがいものポットローストに塗ったり。バゲットにも、もちろんバター！

　かくいう私も、もちろんバターが大好きです。日本でも最近は、さまざまな発酵バターが手に入りやすくなってきました。なかでも好きなのがフランスのポワトゥー・シャラント地方にあるエシレ村のバター。大西洋沿岸の温暖な気候で育った牧草を食《は》んだ牛たちのお乳で作るバター……。聞いただけでおいしそうではありませんか？　さて、買ってきたばかり、開封したての風味が一番よいときに作るのが、これ。ドライいちじくの上にバターをのせる、料理と言っていいのかというほど簡単なメニューですが、ひと口食べてみるといちじくの甘みとバターの風味が合わさって……、夢のような味！　お客様がいらしたときにお出しすると、みんな一瞬「え？」という表情になるのですが、食べて納得のおいしさなのです。作り方のコツは、大ぶりでねっとりと甘いドライいちじくを選ぶことと、バターがやわらかくなる前に口へ運ぶこと。冷蔵庫から出し立ての固めのバターがベストです。

← いちじくバター

千鳥酢

キリッと、まろやか。筋の通った味

← りんご酢

　選び抜かれた国産の米を使い、じっくり熟成させた千鳥酢は、やわらかな酸味と深みのあるうまみが特徴（なんとこのうまみは醸造蔵に長年棲みついた蔵付き酵母によって作られるのだそう！）。素材の味を生かす京料理において、千鳥酢は欠かせない存在。享保年間の創業から京都の人に愛され続けてきたお酢なのですって。

　この千鳥酢、まろやかな中にもきりっと一本筋が通った潔い味わい。余分な味が一切しないので料理の味を充分に引き出してくれるのです。

　寿司酢や酢の物に使うのはもちろんですが、私は梅や杏《あんず》などの実のものを漬けるときにもこの酢を使います。仕込むのは一種類の実につき、二瓶。酢だけで漬け込むものと氷砂糖を入れたものの二種類を作り、用途によって使い分けしています。氷砂糖で作ったものはペリエで割ったり、かき氷のシロップに。お酢で漬けたものは、氷を入れてそのままくいっと……夏の暑い時期など、きゅーっと身が引き締まり気持ちがいい。

　梅や杏以外に、気に入っているのがりんご酢です。ご近所さんから庭になったという姫りんごをたくさんいただき、漬けてみたのがはじまり。りんごの風味が酢に溶け出していい香り。実の香りとほのかな甘みがほどよく移った酢は、ドレッシングなどに使ってもおいしく、白菜の千切りサラダ、かぶのピクルスなど、冬のサラダにぴったり。りんごの季節にぜひ作ってみて。

サンテラモのオリーブオイル

オイルというより、搾り立てジュース

←ハーブオイル

スーパーや食材屋さんに行くと、オリーブオイルがたくさん並んでいて、どれを買ったらいいのやら……と、途方に暮れることってありませんか？　種類もいろいろ、値段もいろいろななか、「どれにしよう？」なんて、悩みながら選ぶのもまた楽しいのですけれどもね。

このサンテラモのオリーブオイルを買う決め手となったのは、裏のラベルに書いてあったこんな説明書きでした。「〝エクストラ ヴァージンオリーブオイル〟オーガニック 有機ＪＡＳ認定品。南イタリア・プーリア州の農場で手摘みしたオリーブを石臼でゆっくり搾ったコールド・プレスの一番搾りです」。石臼！　一番搾り！　オーガニック！　容量二五〇㎖。すらりとした瓶のフォルムやラベルのデザインにも惹かれたのでした。

家に帰ってさっそく試食。新鮮なオリーブの香りが口中に広がり、なんとも幸せな気分になりました。風味豊かなオリーブオイルは、パンにつけたり、サラダや焼き野菜にたらりとかけたり、とシンプルに食べます。〝油〟というよりも〝搾り立てのジュース〟に近い感覚かな。たっぷりかけても、ちっともしつこくなく、それどころかたっぷりかけるほどおいしい！　さて、このオイル、そのままでも充分満足いく味わいですが、新鮮なハーブを漬けておくと、また違ったおいしさに。パンやサラダ、マリネ、といろいろな料理に使えます。ハーブの香りを引き出しながらも、自分自身にもちゃんと存在感がある。サンテラモのオリーブオイルってすごいなと、思ったのでした。

マイユの白ワインビネガー

ぶどうのやわらかな酸味

← ザワークラウト

我が家の酢は千鳥酢とマイユの白ワインビネガーの二種類が基本です。和風や中華風の料理には千鳥酢、洋風にはマイユの白ワインビネガー……時と場合、そして気分にもよるけれど、おおまかにはこんなふうに使い分けています。米とぶどう。材料が違うと風味もまた違うもの。この料理にはこのお酢を、といった具合に、作る料理と酢の相性を考えるのも楽しいものです。

ドイツやドイツ国境近く、フランス・アルザス地方の名物料理、ザワークラウト（フランスではシュークルートと呼びます）は、キャベツを乳酸発酵させたもの。ソーセージや豚肉などの肉料理のつけ合わせにすることの多い料理です。だから、マイユの白ワインビネガーを使って作るこのザワークラウトは、正確には「ザワークラウト風」。友人の料理家に教えてもらったレシピですが、これを作るとキャベツが驚くほどたっぷりお腹に入る！　これも、ぶどうのやさしい酸味のおかげかな、と思います。春キャベツで作るとおいしさは倍増。キャベツの甘みとワインビネガーのやわらかな酸味が味わえる料理です。

2人分

①鍋にオリーブオイル適量を熱し、せん切りにしたキャベツ1/2個を炒める。しんなりしたら水大さじ2を加え、ふたをして10分ほど蒸し焼きにする。

②①に白ワインビネガー大さじ2と粒マスタード大さじ1、塩小さじ1を加え、ふたを取って10分ほど火を通す。

③器に盛り、ゆでたソーセージとともに食べる。

クスクス

世界で一番
小さなパスタ

ずいぶん昔にパリのモロッコ料理屋で食べて以来、すっかり好物になったクスクス。十年ほど前は、品揃えの豊富な輸入食材店でしかお目にかかることはできませんでしたが、最近、市民権を得たのか、わりと手軽に手に入るようになりました。スパイスの利いたスープをかけて羊肉や香菜なんかと一緒に食べるのも最高ですが、焼き野菜やきのこのソテー、蒸した魚など、スープ以外のものとも相性がよいことに気付き、新しい味を探求しています。最近の気に入りは、エビのソテーのクスクス。蒸したクスクスにエビのソースが染み込んで……。あー、これと冷えた白ワインがあれば何もいらない！　と思えるほど、幸せな味です。ところで、このクスクス、原料はデュラムセモリナ粉って知っていました？　そう、パスタと同じなのですね。世界で最も小さな乾燥パスタなんですって。お湯さえあればすぐにふっくらもどせる手軽でおいしいクスクスは、私にとって魔法のような食材です。

4人分

①有頭赤エビ8尾は背ワタを取る。
②ボウルにクスクス1カップを入れ、同量の湯を加えラップをして5分蒸らす。
③厚手のふた付き鍋に半分に切って芯を取り、包丁の腹でつぶしたにんにく1片とオリーブオイル適量を入れ、火にかける。いい香りがしてきたらエビを入れてふたをする。ふいてきたら白ワイン1/2カップを加え、再びふたをする。
④③がふいてきたら②のクスクスを加えてざっと合わせ、塩小さじ1を加えて混ぜる。オリーブオイルをひとまわしして仕上げる。

← エビのクスクス

ツルヤのコーヒー

目指すは
ダイナーのコーヒー

一日のはじまり、寝ぼけた頭をすっきりさせてくれるのは、なんといってもコーヒーのおかげ。パソコンに向かって仕事をするときや、仕事を終えて晩ごはんの支度をしようかな、なんてときにもコーヒーを淹れて一服。ぽたぽた落ちていく茶色のしずくを見ていると穏やかな気分になるような気がするし、何より気持ちの切り替えになるのです。こんなふうに言うと、さぞかし、豆選びや淹れ方にこだわりがあるのでは？　と思われがちですが、淹れ方はとってもラフ。豆は近所のスーパーで手に入る、軽井沢の丸山珈琲のマイルドブレンドを使っています。「マイルド」の呼び名の通り、味わいはやさしくまろやか。毎日飲むのにふさわしい馴染みのよさが気に入っている理由かな。ときどき、お土産にいただいたり旅先で買ったりする以外は、だいたいいつもこのコーヒーを買ってきて、使ったらすぐに冷凍庫で保存。なくなりそうになったら買い足して……という具合。すっかり私の生活に溶け込んでいます。

そのつど豆を挽き、専用のコーヒーポットでゆっくりていねいに淹れる……。そんな優雅さにも憧れますが、それはお店やコーヒーにうるさい友人たちにお任せすることにして、自分で淹れるときは、やかんでじゃかじゃかお湯を入れてしまいます。そんな私のコーヒーのイメージは、アメリカの（行ったこともないくせに）ダイナーで出されるような大らかな感じのコーヒー。「ごくごく飲める」ものが家で飲むコーヒーの理想。カップも大きめを用意して、ピッチャーにたっぷり入れていただきます。

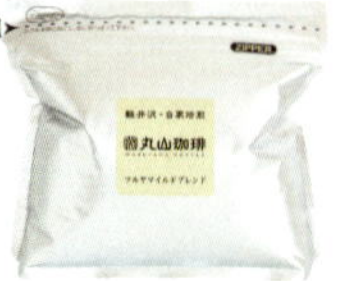

← コーヒー

カップ印の白砂糖

ふつうの甘さ

名の知れた日本料理屋さんで食事をしたとき、ふっくら炊かれたお豆をいただきました。白インゲン豆だったか、花豆だったか、そこのところは覚えていないのですが、とてもおいしかったので、「お砂糖に何かこだわりがあるのですか?」とたずねたところ、「いや、これです。ふつうの」と見せてくれたのがこのカップ印のお砂糖でした。これだったら家でも使ってる。ふーん、そうか。あまりに身近すぎて意識したことなかったな。ちょっぴりこのお砂糖を見直した出来事でした。

グラニュー糖のような「わたし、甘いんです」というとんがった主張もなければ、あまり精製されていない砂糖のような独特の癖もない。白砂糖のいいところは「ふつうの甘さ」なのかも知れません。このカップ印の白砂糖を使って、いつも作るのがバニラシュガーです。バニラビーンズとさやをお砂糖に混ぜるだけなのですが、応用範囲はとても広い。温めたミルクに入れるとほっとやさしい味わいになるし、プリンだって、これさえあればとても簡単。いつものいちご牛乳も格別なおいしさになりますよ。

←バニラシュガー

作りやすい分量

①バニラ1本はさやに切れ目を入れ、包丁で種をかき出す。
②ボウルに白砂糖500gを入れ、①を加えてよく混ぜる。
③保存瓶に②とさやを入れ、保存する。
*いちごミルクの牛乳に加えたり、焼き菓子やキャラメルクリーム作りにも。

カップ印の三温糖

ほっとする味

白砂糖はお菓子作りに、煮物やふだんのおかず作りには三温糖を……という方程式がなぜだか自分のなかにすっかり刷り込まれています。かといって「これでないといけない」というわけでもなく「なかったら、こっちを使えばいい」というような曖昧さも。

けれども、煮物がこっくりおいしく炊けたのはこれのおかげ？　なんて思うこともよくあるので、やっぱり茶色いお砂糖も台所に欠かすことはできない。料理に奥行きのようなものをもたらしてくれる、そんな気がするのです。

市場で赤かぶをみつけると、いそいそと買い込んで作るのが、この一夜漬け。材料はかぶと塩と柚、そして三温糖。これでおしまい。このお漬け物、箸休めにぴったりで、お客様が来たときなどに、器に山盛り盛って出してもあっという間になくなってしまう。「ほっとする」とか「落ち着く」なんて褒め言葉をもらうと、もしかして三温糖の効果かな？　なんて思ったり。けれども、それはあながち間違いではないのかも知れません。

← かぶの一夜漬け

作りやすい分量

①赤かぶまたはかぶ5個は葉を落とし、皮ごと薄切りにし、塩小さじ1をまぶして少しおく。黄柚1個は皮ごと薄切りにし、種を除く。

②かぶの水けを絞って黄柚を加え、ざっと混ぜてから三温糖大さじ2を加えて和える。

＊1時間後から食べられますが、ひと晩冷蔵庫でおくとさらにおいしい。洋風にしたいときは黄柚をレモンにしても。

搾菜

塩気と歯ごたえ

搾菜《ザーサイ》（榨菜とも）は茎の部分が肥大したもの（！）を塩や唐辛子、花椒《ホワジャオ》などで漬け込み（ちなみに搾菜の「搾」とは漬ける際、搾るように甕《かめ》に押し込むところからきているのだとか）、真空パックで売られている姿が一般的。私はいつも中華街の調味料屋で買うことにしていますが、スーパーでも中華食材のところに豆豉《トウチ》や豆板醤《トウバンジャン》や甜麺醤《テンメンジャン》などと一緒に並んで売られているので、とても身近な中華食材、という印象です。買ってきた搾菜はパックから出し、使う前に水につけて塩抜きをします。塩をしっかり利かせたいときは短時間で。そのまつけもののように食べたいときは、長めの時間水でもどす……と、作る料理に応じて塩抜き加減を変えるようにしています。ネギのサラダや炒め物など、塩の代わりに搾菜を加えるととてもおいしい。歯ごたえとともに、独特の塩気も楽しんでいます。干しエビと搾菜の混ぜご飯は、シンプルながらも搾菜の魅力が、ひし、と感じられる料理。カリッと煎った干しエビとモチッとした餅米が搾菜の持ち味を引き出します。

←

干しエビと搾菜の混ぜご飯

2〜3人分

①米と餅米各1合をとぎ、1時間ほど浸水させる。

②みじん切りにした搾菜大さじ3を水につけ、好みの塩加減まで塩抜きする。干しエビふたつかみは、フライパンで空煎りしておく。

③ざるに上げ、水けをきった①を鍋に入れ、いつもより少し多めの分量の水を加えて火にかける。ふいてきたら弱火にして10分ほど炊き、火を止めて10分ほど蒸らす。

④③に②の干しエビと水けをしっかりきった搾菜を加え、さっくり混ぜ合わせる。

やるなと思わせる味

「好きな食べものはなんですか？」と聞かれて、迷わず「ごま油！」と答えたとき、相手が怪訝《けげん》そうな顔をしたので、しまったと思ったことがあります。たしかにごま油は食べものではなくて（いや、食べものなんだけど）調味料なのですが、私の料理にはとにかく欠かせない存在。真っ先にごま油が思い浮かんだのもそんなところからきているのでしょう。

ネギと香菜のサラダや香港麺の焼きそば、豆腐にごま油と塩をかけて……など、ごま油を使った料理を思い浮かべるとキリがない。ふたを開けて香ばしい匂いをかぐだけでとても幸せな気持ちになります。ごま油のなかでも特に気に入っているのが、煎り上げたごまから搾ったもの。ごまの香りが強く、味わいがまろやか。煎らずに搾った油より、色も濃いのが特徴です。

オリーブオイルや、くるみオイルなど、おいしい油がみんなそうであるように、油の風味や香りそのものを味わいたいときは、シンプルな食べ方が一番だと思っています。このおむすびは、手水の代わりにごま油を手のひらに少し広げて握るだけなのですが、香ばしい風味と塩が炊き立てのご飯にとてもよく合い、ごま油の底力を知った気分になります。だからいつも食べるたび、「やるな、ごま油」とほめたい衝動に駆られるのです。

← ごま油むすび

①手水の代わりにごま油を手のひらに適量ずつつけ、塩を少しずつつけながら炊き立てのご飯を握る。

ベルギービール

ベルギー気分

あさりは日本酒でシンプルに。しじみはにんにくを利かせ、紹興酒で蒸す。ではムール貝は……？　と訊かれたら迷わず「ベルギービール！」そう答えるでしょう。もともとは白ワインで作ることが多かったムール貝の蒸しものですが、あるとき、飲みかけのベルギービールで蒸してみたらこれがおいしくて。ベルギーで食べた味に近づいた気がしてうれしくなったのでした。シメイビールにはフルーティーな「ルージュ」と、コクと苦みの利いた「ブルー」、そして「ホワイト」がありますが、私が好きなのは「ホワイト」。なんとこのホワイト、ルージュやブルーと比べ、三〜四倍のホップを使っているのだとか！　夏の暑い盛りにゴクゴクとたくさん飲むというよりは、じっくり飲みたい深い味わいのビールなのですが、ひと口飲むとムール貝の蒸しものが食べたくなる。いつの間にか、このシメイビールとムール貝の蒸しものは私の中でセットになってしまったよう。付け合わせには山盛りのじゃがいものフリットを。ムール貝→フリット→ビール→ムール貝→フリット→ビール……。最後のひとつを食べ終える頃、すっかりご機嫌になるのでした。

↓ムール貝のビール蒸し

作りやすい分量

①ムール貝12個は、ひげや汚れをナイフやヘラを使ってきれいに取り除き、洗う。

②厚手のふた付き鍋にオリーブオイル適量を熱し、半分に切って芯を取ったにんにく1片を炒める。いい香りがしてきたらムール貝を入れ、ビールを1/2カップ注いでふたをする。そのまま強火で蒸し、ふいてきたらヘラでざっと混ぜる。貝の口が開いたらでき上がり。

10

カウブックスのグラノーラ

ああ、買わなくちゃ

朝ごはんはもちろん、おやつにそのままパリポリ。小さな瓶に詰め替えてバッグにしのばせ、外出先で食べることもしょっちゅう。なくなりそうになると「ああ、買わなくっちゃ！」とソワソワしてしまう。中目黒の本屋さん、カウブックスオリジナルのグラノーラは私にとってそんな存在です。

出会いは去年の春のこと。カウブックスの松浦弥太郎さんにいただいたのがきっかけでした。なんでも松浦さん、大のグラノーラ好きとか。好きが高じてお店オリジナルを作ろうと思い立ったのが一年半前のこと。試作と改良を重ねて、ついに念願の味が完成したのだそうです。

カリッと香ばしいオーツ麦をベースに、アーモンドスライス、かぼちゃの種、ドライフルーツがたっぷり入ったこのグラノーラ、ハチミツメープルシロップの甘みもやさしく、ひと口、またひと口……とあと引くおいしさ。「牛乳や豆乳をかけて食べると、最後にはシナモンやハチミツが溶け出してチャイのような味になるんですよ」と松浦さん。以来、はじめはカリッとした歯ごたえを楽しんで、最後、チャイ風味を味わうようになりました。封を開けてまずするのは、ときどき入っているグラノーラのかたまりを拾って食べること。このかたまりをみつけると、すごく幸せな気分になるのです。

← グラノーラ豆乳がけ

① 器にグラノーラを適量入れ、ひたひたに豆乳をかけて少しずつ混ぜながら食べる。

ケイパーの塩漬け

小さいのに大きな存在感

活きのいい魚を見ると、作りたくなるのがアクアパッツァです。魚を両面こんがりとオイルで焼き、プチトマトと水（白ワインを少し入れても）を少々入れて煮込むだけ。あっという間にできるので、我が家では、パスタのほかに何かもうひと品欲しいときや、休日のお昼ごはんどき、テーブルに上がることの多いメニューです。

アクアパッツァを作るときに欠かせないのが、この塩漬けのケイパー。ケイパーというと、思い浮かべるのはサーモンの上に散らばった緑の実、という人も多いと思いますが、あちらは酢漬けのケイパーで、私が使っているのはこちらの塩漬け（酢漬けにしたものよりも、塩漬けの方がケイパーの風味が感じられておいしい、と思うのです）。塩漬けのままのケイパーを、お鍋に入れてさっと煮込むと、魚やトマトの水分とうまみをケイパーが吸い込み、でき上がる頃にはびっくりするくらいの大きさに！　それと同時にケイパーの塩気や風味もスープに移って、いい味わいとなるのです。バゲットをスープにひたしたり、サフランライスと一緒に味わう幸せといったら、ないのです。

作りやすい分量

①フライパンにオリーブオイル適量と包丁の腹でつぶしたにんにく2片を入れ、火にかける。いい香りがしてきたら下処理をした鯛1尾を入れ、両面にこんがり焼き目をつける。

②①にヘタを取って半分に切ったプチトマト12個、ケイパーの塩漬け大さじ1、水1/2カップ、タイム1枝を加え、ふたをして10分ほど水分がほぼなくなるまで煮る。

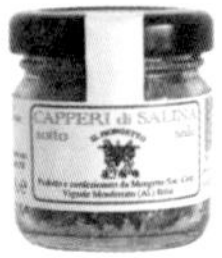

← アクアパッツァ

紋四郎丸の釜揚げしらす

ふわふわしらすを召し上がれ

葉山に住む知人の家に遊びに行ったとき、紋四郎丸の釜揚げしらすをごちそうになりました。私たちが来る前に、海辺のお店まで行って買ってきてくれた釜揚げされたばかりのもの。土鍋で炊いたふっくらご飯と、器に山と盛られた釜揚げしらす。「好きなだけ、ご飯の上にのっけて食べてね」と言われたときの喜びは今でも忘れることができません。しかも、食べてびっくり。しらすがふわっふわなのです。テーブルにはお醤油が出ていましたが、何もかけずにそのままパクパク。みんなでご飯を何杯おかわりしたことか……。

それからは葉山近辺に用事があると必ず紋四郎丸に立ち寄って、この釜揚げしらすを買うようになりました。お店にうかがえないときは、電話で注文します。いつも、お店のお母さんが電話口でてきぱきと対応してくれるので、とっても助かる。遠く離れたところに住んでいても、紋四郎丸のおいしいしらすが食べられるなんて本当にうれしいことです。しらすを買った日は、もちろんしらす丼に。まずはそのまま炊き立てご飯にのせて。二杯目はご飯の上にしらすとちぎった海苔、そしてごま油をひとたらし。どんぶりに大盛り盛っても平らげられそうなおいしさです。

← しらすご飯

①ボウルに炊き立てのご飯を適量入れ、ちぎった焼き海苔適量と釜揚げしらすをたっぷりのせ、さっくり混ぜる。

②仕上げにごま油を軽くひとまわし加え、混ぜる。

紋四郎丸

いつもは電話で注文する、しらす。でも、湘南を訪れたら、やっぱり直接買いに行きたい！　そう思い立つのは、春先や秋口。海水浴目当ての車で混雑する夏の暑い盛りは避けて、ということが多いかな。海を右側に感じながら横須賀方面へ車を走らせること、数十分。窓を開けながら海沿いをドライブするのは、気持ちいいことこの上なしです。さらに目指す先にふわふわの釜揚げしらすが待っているかと思うと、ウキウキした気分も倍増します。

目的は秋谷の紋四郎丸。創業百二十年以上という老舗のしらす屋さんです。釜揚げする時間を考えて漁をするという、こちらのしらすは、なんといっても新鮮さが違う！　ふわっとした食感と甘みが引き出される理由は、長年の経験によるもの。茹でる時間も塩の量も、すべて体が覚えているのですって。

ゆでたばかりのしらすは網にのせ、冷ましていきます。作業はみるみるうちに進んで、あっという間にしらすののった網がいっぱいに！　そうしている間にもお客さんはひっきりなしにやってきてはお買い物。作業とお客さんの応対で、大忙しのはずなのに、お母さんは慣れたもの。さすがです。

しらすのおいしさはもちろんなのですが、お父さん、お母さん、おばあちゃん、息子さんにお嫁さん、まだ三歳くらいのお孫さんまで、一家総出で家業に精を出す様子がなんとも微笑ましくて。みなさんの顔を見に来るのも、楽しみのひとつになっています。

生しらすは塩を加えた湯でゆでます。楽しくおしゃべりしていても手の動きは休まることのないお母さん。

海からあがったばかりのピチピチの生しらす。これを塩ゆでしたものが釜揚げしらすになります。

網に広げると湯気とともにいい香りがふわっと漂います。

ゆで上がったざるを引き上げ、網に移していきます。お母さんと息子さん、お父さんとおばあちゃん……、家族総出の作業。

てきぱきとまんべんなく、ざるにしらすを広げるおばあちゃん。これぞまさに熟練の技。

「ほら、ちょっとゆで立てを食べてみなさい」と、おばあちゃん。ん――、おいしい！　あつあつもまた格別のおいしさです。

質問に応えてくださりつつも、手もきちんと動かし続けるおばあちゃんたち。その動きの早いこと！　これだけ手をかけ、愛情たっぷりに仕上げられているんですもの、おいしいわけです。

紋四郎丸のじゃこ

ご飯泥棒

秋谷のしらす屋さん、紋四郎丸でいつも買うのは、釜揚げしらすに生しらす（生しらすは残念ながら配送していません。お店で直接買ってくださいね）、しらす干し、それからこのじゃこです。釜揚げには釜揚げの、生には生の、しらす干しにはしらす干しの、そしてじゃこにはじゃこの……という具合に、同じ魚でも干し方の違いでこんなに味わいが変わるのかと、食べるたびにびっくりさせられます。じゃこはたくさん買って、冷凍庫で保存します。これがあると炒飯や、切り干し大根のサラダなど、いろいろな料理に使えてとっても重宝。切り干し大根も煮物も、だし汁代わりにおじゃこを入れて作ります。すると、カツオだしとはまた違う風味の煮物に仕上がるのです。このじゃことピーマンの炒め物も好物のひとつ。ピーマンは火を通しすぎないよう炒め、じゃこを入れたら酒とお醤油を入れ、さっと火を通します。しゃきっとしたピーマンとかりっとしたじゃこをおかずに、紋四郎丸で買い物した日は、白いご飯を多めに炊いてもりもり食べることにしています。ところで、このじゃこピーマン、お弁当のおかずにもぴったり。お弁当用には、もう少し火を通して、くたっとさせて。これもまた相性よしなのです。

じゃこピーマン

←

作りやすい分量

①ピーマン5個はヘタと種を取り、縦8等分にする。

②中華鍋にごま油適量を熱し、①を炒める。油がまわったらじゃこをひとつかみ加え、ざっと炒めてから酒大さじ2、うす口醤油大さじ1と1/2を加えて炒め合わせる。

マルドンの塩

まるで水晶？

← エリンギとしめじのフリット

今から十数年前は、日本では手に入りにくかったマルドンの塩。ロンドンのデパートで発見し、試しに買って帰ってきたのですが、今までの塩の概念を覆《くつがえ》すような見た目と味わいにびっくり。以来、イギリスに行っては何箱か買い、なくなるとイギリス旅行をする友人に「マルドンの塩、買ってきてー！」とお願いしてきました。

塩の名産地イギリス、エセックス地方にあるマルドン社は、百二十年も前の創業当時から、一貫して手作業にこだわり、伝統的な製法を守り続けているのだとか。目を凝らして見るとわかるように、ピラミッドのような形の結晶の中は空洞になっていて、噛むとパリパリッとした食感（サクサクとも言えるかな）。海水に含まれるカルシウムなどのミネラル分が損なわれない製造方法をとっているため、味わいは奥深く、とてもまろやかなのです。

これに何を合わせるかというと「揚げもの」です。揚げ立てのサクサクの衣に、これまたサクサクの塩。ときどき感じるレモンの酸味がよい合の手になって、ビールのおともに最高。パリッ、サクッのマルドンの塩。ぜひ試して。

作りやすい分量

①エリンギ3本は手で適当な大きさに裂く。しめじ１パックは石づきを落とし、小房に分ける。全体に薄く小麦粉をまぶしつける。

②１８０℃の揚げ油で①を表面がからりとし、きつね色になるまで揚げる。揚げ立てにレモンを絞り、塩をふって食べる。

豆板醤

中華の常備菜作り、これさえあれば！

← 肉みそ

横浜中華街の大通りから、市場通りと呼ばれる小さな路地に入る角。入り口のチャイナ服を着たおじさんの人形が目印の源豊行《げんほうこう》は、中華街に店を構え六十年余りという老舗の中華食材屋さん。現在、三代目のご主人がお店を切り盛りしています。訪れるたびに新しい味との出合いがあるので（この前は鮑魚醤というアワビのソースを発見）、毎回、じっくり棚を見渡し、ご主人に使い方を質問しながらお買い物。お店のオリジナルの調味料も魅力的で、甜麺醤やラー油、オイスターソースなど、なんとその数四〇種類以上もあるのだそう。

豆板醤はいつも、源豊行オリジナルのものを買うことにしています。蒸した空豆を発酵させ、唐辛子や塩を加えて長時間熟成させたというこちらの豆板醤は、ぴりっとした辛みの中にじわーっとしたうまみが潜んでいるのです。この肉みそは我が家の常備菜の定番。ご飯にかけたり、レタスで巻いたり。水でのばしてとろみをつけ、麻婆豆腐や麻婆春雨にすることも。ゆでて湯切りした麺の上に、この肉みそと香菜やネギをたっぷりのせて和え麺にしてもよし。多めに仕込んであらゆる料理に変化させています。

作りやすい分量

①中華鍋にサラダ油適量とみじん切りにしたにんにくとしょうが各1片ずつと長ネギ10cm分を入れ、火にかける。いい香りがしてきたら豚ひき肉（1度挽きのもの）300gを加え、炒め合わせる。ひき肉に火が通ったら紹興酒大さじ3、醤油大さじ2、豆板醤大さじ1、豆豉大さじ2を加え、汁けがなくなるまで炒める。

*保存容器に入れ、冷蔵庫で1週間保存可。

メープルシロップ

惜しげもなく、たっぷりとどうぞ

← バナナヨーグルト

子どもの頃、朝食のホットケーキにメープルシロップをたっぷりかけて食べるのが大好きでした。ほかほかの生地とバター、やさしい甘みのシロップの組み合わせは、ほかに例えようのない幸せな味。少しずつなくなっていくお皿の上のホットケーキを見ては「食べても食べても、減らなければいいのに」などと思ったものです。

メープルシロップが楓《かえで》の樹液を煮詰めたものということを知ったのは、それからずいぶん後のこと。この琥珀《こはく》色のシロップが木の樹液とは！　砂糖の甘みとはひと味もふた味も違う味わいがまさか……と、ずいぶんびっくりしたものです。さてさて、ひと口にメープルシロップといっても、シーズンの一番はじめに収穫された樹液で作られる「エキストラ・ライト」と収穫後半の樹液から作られる「アンバー」があります。エキストラ・ライトは軽めでさわやか、アンバーは風味も甘みも強いという印象。今回ご紹介するのは、エキストラライトの方で、こちらは朝ごはんのときのバナナヨーグルトに合わせるのがぴったり。もちろん、ホットケーキやパンケーキとの相性も抜群。惜しげもなくたっぷりかけて、カナダの森の恵みをお腹におさめましょう。

①バナナ適量は皮をむき、食べやすい大きさに切る。
②器に①を盛り、ヨーグルトとメープルシロップを適量ずつかけて食べる。
＊ヨーグルトはクリーミータイプのものがおすすめです。

マイユの粒マスタード

大人のポテトサラダ

ポテトサラダといえば、にんじんときゅうりが入ったものがスタンダードです。彩りもかわいらしく、いかにも「お母さんが作るおそうざい」といった印象のポテトサラダを我が家では「子どものポテトサラダ」と呼んでいます。このことを人に言うと「じゃあ、大人のポテトサラダもあるの？」と決まって訊かれますが、あるんです。それがこのマイユの種入りマスタードをたっぷり入れた、ポテトサラダです。じつはこのサラダ、よく行く飲み屋の定番のメニュー。必ず頼む好物なのですが、こんなに好きなんだから……と自分で作ってみたところ、大成功。おいしさの決め手はマイユの種入りマスタードです。マイユのマスタードには「ディジョンマスタード」と呼ばれるなめらかなタイプと、この種入りのものがあります。種入りの方は、カラシの種子を細かく分散させないため、マイルドな味わいになるのだとか。なめらかなじゃがいもに時折マスタードの風味と、しゃきっとした紫玉ねぎの辛みが利いて、なんともバランスがよいのです。持ち寄りパーティーのときもこのサラダを作ることが多いのですが、あっという間になくなる人気者なんですよ。

作りやすい分量

①紫玉ねぎ1/4個は薄切りにし、水にさらす。じゃがいも3個は皮をむき、適当な大きさに切って水からゆでる。すっと串が通るまでゆでたら湯を捨て、粉ふきいもを作る要領で、火にかけながら水分をとばす。

②ボウルに①のじゃがいもと水けをきった玉ねぎを入れ、マヨネーズ大さじ8と粒マスタード大さじ1を加え、よく混ぜ合わせる。

←ポテトサラダ

ビストロの定番？

← ウフ・マヨネーズ

「ウフ」は卵、マヨネーズはその名の通り「マヨネーズ」。つまりウフ・マヨネーズとはゆで卵のマヨネーズがけのことです。料理と呼ぶにはあまり手がかかってなさそうに見える一品ですが、パリのビストロに行くと、前菜のところに「ウフ・マヨネーズ」としっかり載っている（最近、少なくなってきたようですが）メニューなのです。

作り方はシンプルですが、何度か作るうちにちょっとした「おいしく食べるコツ」のようなものが身についてきました。まず、新鮮な卵を選ぶこと。あまりかたくゆですぎないこと（黄身の真ん中がすこーし半熟が残っているのが好ましい）。半分に割るときはナイフを使わず、必ず手で（でこぼこした表面にマヨネーズがよくからまるから）。最後に、ニワトリのイラストがかわいらしい松田のマヨネーズを使うこと。

このマヨネーズ、卵は平飼いしたニワトリの有精卵を使い、圧縮一番菜種油だけを使用。塩は伊豆大島の海塩・海の精を。ハチミツもオーガニックのものを使っているというこだわりの一品。もちろん添加物は使用しておらず、ひと口食べると風味づけされていない、素直な素材の味がじんわりと舌に伝わってくるのです。

①ゆで卵を作り、殻をむいて好みの量マヨネーズを絞り、黒こしょうを挽いて食べる。
＊ゆで卵は好みの加減でどうぞ。

ル・ピュイのレンズ豆

フランス政府のお墨つき

レンズの形に似ているから、レンズ豆。細かい粒をよく見てみると、そのいわれに「なるほどなぁ」と感心します。小ぶりで火が通りやすいので、スープに入れたり、さっと火を通してサラダにしたりと、ストックしていると何かと重宝するお豆です。オレンジや茶に近い緑色など、いろいろな種類のものが売られていますが、もしも迷ったらフランス・オーベルニュ地方のピュイ産の緑レンズ豆を選ぶことをおすすめします。この緑レンズ豆、上質なワインやチーズに与えられるのと同じ称号AOCが与えられていて（つまり厳格な規格に則って栽培されたものだということ）その品質はお墨つきなのです。

ル・ピュイのレンズ豆を使ってよく作るのがこの煮込み。煮込みといっても豆がやわらかくなるまでグツグツ煮込むのではなく、さっと煮る程度。炒め煮という感覚かな。肉料理のつけ合わせにしたり、サラダに混ぜたり、目玉焼きの横に添えたり……。私にとっては、ひじきや切り干し大根の煮物と同じく、常備しておくと安心なおかずのひとつなのです。

←

レンズ豆とドライトマトの煮込み

作りやすい分量

①レンズ豆100gは沸騰した湯で5分ほどゆで、ざるに上げる。

②鍋にオリーブオイル適量とみじん切りにしたにんにく1片を入れ、火にかける。いい香りがしてきたらみじん切りにした玉ねぎ（小）1/2個を加え、さっと炒める。

③②に①と細切りにしたドライトマトのオリーブオイル漬け（P.76参照）5枚を加え、ざっと混ぜ合わせる。白ワイン1/2カップと水1カップを加え、汁けがなくなるまで煮込み、塩で味をととのえる。

蝦子麺

何もないときの強い味方

うどんに、パスタ、素麺……、冷蔵庫に食材がない！　とか、忙しくてなかなか買い物に行けない、なんてときでも乾麺さえストックしておけば大丈夫。そんな安心感があります。

この蝦子麺《シャズメン》もそのうちのひとつ。ゆでて青梗菜《チンゲンサイ》や豚肉と炒めて焼きそばにしてもいいし、鶏ガラスープをかけて汁麺にして食べてもおいしい。麺そのものにしっかり味がついているので、具にあれこれ凝らなくてもいいのがうれしいところ。よく作るのが、ゆで汁をほんの少しのナンプラーで味つけしただけの汁麺。蝦子麺のゆで汁に味が出ているので、それをそのままスープとして利用してしまうというわけ。ネギや香菜、レモンやライムがあれば、あっという間にエスニック風味な汁麺ができるのです。

この汁麺、ひとりのときのお昼ごはんに作ることが多い。お腹が空いてたまらないときは、薬味を切るのももどかしくてナンプラーで味つけしただけの素・蝦子汁麺にしてしまうこともたびたび。素っ気ない見かけではありますが、これはこれでなかなかおいしいのです。

← 蝦子ナンプラー麺

2人分

① 鍋に湯4カップを沸かして蝦子麺2玉を入れ、好みのかたさにゆで、ざるに上げる。
② ①の鍋にナンプラー大さじ3〜4を加える。
③ 器に汁けをきった①の麺を盛り、②の汁を適量注ぐ。輪切りのライム一枚と小口切りにした万能ネギをたっぷりのせ、こしょうを挽く。

紫大尽の醤油

毎日の暮らしに欠かせない調味料

私たち日本人の台所に欠かせない調味料は何？ と訊かれたら、ほとんどの人が「お醤油！」そう答えるでしょう。だからこそ、醤油選びは慎重にしたいもの。私はもう何年も前から松本の大久保醸造さんの紫大尽ひと筋です。地元・長野をはじめ、日本各地の大豆を厳選。塩や小麦、米などの原材料もすべて大久保さんのお眼鏡にかなったものばかりの材料を使って、ていねいに、じっくり仕込まれる醤油。「自分たちの手で作れるだけの醤油を造っている」という、紫大尽をはじめとする大久保醸造の醤油は、大量生産では作り出すことのできない深い味わいがあるのです。そのまま料理に使うのはもちろんですが、かつお節や山椒の葉など、少し風味を加えたものを作っておくと、とても重宝します。私は醤油とみりんとかつお節で作るだし醤油（麺つゆや親子丼を作るときに活用）と、山椒の実と葉を漬け込んだ山椒の醤油漬け、にんにく醤油など、いろいろなものを作って、味の展開を楽しんでいます。

← 山椒の醤油漬け、だし醤油

作りやすい分量

［山椒の醤油漬け］ 山椒の葉と実はよく洗い、しっかり水けをふき取って瓶に入れる。上からひたひたに醤油を注ぐ。翌日から使える。＊山椒の量は好みで。私は瓶にぎっしり入れて、そこに醤油を注いで使っています。＊密閉容器に入れ、冷蔵庫で半年保存可。

［だし醤油］ 鍋に醤油とみりんを各１カップずつ入れ、中火にかける。沸いたらかつお節ひとつかみを加え、火を止める。10分ほどそのまま置いてからこす。＊残ったかつお節はフライパンで空煎りにし、ふりかけに。＊密閉容器に入れ、冷蔵庫で１週間保存可。

バレーナ社のアンチョビ

隠し味はアンチョビ

← しいたけのアンチョビペースト

「貧乏人のキャビア」と呼ばれる焼きなすのディップがありますが、これはそのしいたけ版、かな。料理家の友人宅でごちそうになって以来、すっかり虜《とりこ》になりました。ひと口食べただけでは、何が入っているのかわからない複雑な味わい。「これ、何が入っているの？」と聞くと「しいたけとアンチョビだけ」と言うではありませんか。え、それだけ？　とびっくり。「アンチョビの風味が隠し味」とのことでした。

　翌日、友人に教えてもらった通り作ってみると、ああ、同じ味にできてる、できてる！　昨日、感動した味が、我が家で再現できたときの幸せといったらありません。「隠し味」となるアンチョビ、私はイタリア産のバレーナ社のものを使います。なんでもこのアンチョビ、水揚げされたカタクチイワシを地元の人がひとつひとつ手剝きするのだとか。とても手間がかかりますが、イワシのうまみを残すためには必要な作業なのですって。

　おいしいうえに瓶のクジラのイラストがかわいい。使うたびに、ほっこりした気分になる瓶詰めです。

作りやすい分量

①にんにく2片としいたけ15枚をみじん切りにする（またはフードプロセッサーにかけても）。

②フライパンに150㎖のオリーブオイルを熱し、にんにくを炒める。いい香りがしてきたらしいたけを加え、炒め合わせる。しいたけにすっかりオイルが馴染み、くたっとしてきたらアンチョビを1瓶（90g）加える。ヘラでつぶしながら炒め煮にする。

＊清潔な瓶に詰め、冷蔵庫で約1週間保存可。冷凍の場合は約1カ月間保存可。

第二次紹興酒ブーム到来

子どもの頃〝家族でお食事〟といったら横浜の中華街がお決まりでした。食事のとき、父が飲むお酒は決まって紹興酒。小さなグラスでちびりちびりとやっていたのを見ていたので、紹興酒は身近なお酒という印象です。でも、そのおいしさに目覚めたのはお酒を覚えはじめてずいぶん経ってから。一度覚えてしまったら、奥行きのある紹興酒の味わいにすっかり虜。最盛期（？）には、九ℓの甕を買い込み紹興酒パーティーをしたほどでした（今は落ち着いて、酒屋さんなどで手に入りやすい六〇〇mℓの瓶を買って楽しむことにしています）。ところでこの紹興酒、料理に使うと、俄然、中華らしい味になる気がします。料理の味にコクというか独特のうまみが出るというか。いつもの料理も、お酒ではなく紹興酒にしてみると新しい味わいに。豚のローストの下味や、煮卵、鶏手羽の煮物など、お酒ひとつでこんなに変わるんだ！　と紹興酒の不思議に開眼。第二次紹興酒ブームがやってきているのです。

←鶏の紹興酒煮

作りやすい分量

①鶏の手羽先と手羽中合わせて600gに塩大さじ1をまぶし、ジッパー付き食用ポリ袋に入れ、冷蔵庫でひと晩おく。

②①の塩を洗い流し、厚手の鍋に入れる。

③②に皮ごと薄切りにしたしょうが2かけ、長ネギの青い部分2本分、紹興酒2カップ、三温糖大さじ2、水2と1/2カップを入れ、強火にかける。沸いてきたら中弱火にし、煮汁が半分になるまでアクをひきながら1時間ほど煮詰める。

＊残った煮汁はお湯を足してにゅうめんのスープにするとおいしい。

ディーン&デルーカ

数ある食材屋さんのなかでも、もっとも心ときめくお店。特に、ここ品川店は、わざわざ行きたくなる魅力が詰まっているところ。その魅力はいろいろありますが、まずはなんといっても、のんびり、ゆったり買い物ができる、その広さ！　食の編集をしている友だちが「食業界でおいしいと言われている調味料は、だいたい揃っている」と言っていましたが、それも納得の品揃えです。海外からの商品はもちろん、国内物でもなかなかここまでかゆいところに手が届く品揃えは珍しいと思うのです。生ハムやサラミなど肉の加工品やチーズが充実しているのも、私のハートをつかんで離さないところ。なかには長野産のあまり知られていない牧場（でも、地元で食にアンテナを張っている人たちからはとてもよく知られている）のチーズもあったりして、日本中、世界中に〝おいしい〟のアンテナを張っているのがよくわかります。ディスプレーも洗練されているだけではなく、見やすく、手に取りやすい。と、何もかもが揃い踏み。だから、ついついあれもこれもと欲しくなってしまうんです。家で使う調味料を買って、興味のある食材を買って、それから友だちにプレゼントやお土産を選んで、最後にカフェでコーヒーを飲んでひと休み……。いつも店内をウロウロ、キョロキョロしてなんだかんだで二時間くらいはいるんじゃないかな。気がついたら、もうこんな時間！　ということもしばしば。おしゃれで洗練されているけれど、きちんとおいしいものを提案してくれる。ディーン&デルーカはそんなお店です。

広々とした店内には、国内外のおいしそうなものがあちらこちらに、ぎゅーっと詰まっています。

どのパッケージもかわいくて、ひとつひとつ見ているだけで楽しい気分に。

ディーン＆デルーカがオリジナルで作っているカラフルなピクルスは北海道で作られているのだとか。

世界各地の塩をあれやこれや少量ずつ選べるのも楽しい。

オイルだけでもこの種類の豊富さ！　ついつい迷ってしまいます。

私のお気に入り、ポルチーニ茸やトリュフの塩も、さまざまな作り手のものが並んでいます。

塩いろいろ

あなたのお好みはどれ？

← 蒸したじゃがいもと塩いろいろ

今から二十年ほど前、私がスタイリストのアシスタントをしていた頃、雑誌の連載の仕事で、毎月決まった料理家さんの家に撮影にうかがっていました。カメラや編集の方など、スタッフも毎度同じメンバー。みな食いしん坊で、取材や旅行で海外へ出ることも多かったよう。いつしか、その土地の塩をお土産にすることが旅帰りの習慣になっていました。今でこそ「素材の味を感じるには塩だけで食べるのが一番」とか「塩を肴《さかな》に日本酒をぐびっと」などと言っている私ですが、まだハタチを少し過ぎたばかりの頃は「お土産に塩！」と驚いたものです。でも、いただいた塩を舐めたり、料理に使ったりするうちに、だんだんと塩の持つうまみや深みを知り、奥深いものだなぁ、なんて少しずつ塩の魅力にとりつかれていったのでした。

塩の販売が自由化され、世界のあらゆる塩が気軽に手に入るようになったのは、ほんの十数年前の二〇〇二年のこと。行きつけのスーパーでもチェックを怠るといつの間にか「あれ、こんな塩が入ってた！」なんてことがしょっちゅう。たまにパトロールしないといけませんね。ディーン&デルーカでは、世界の塩が一〇〇gずつ小分けして売られています。例えば、〝アンデス岩塩〟、〝ユタ州リアルソルト〟、〝シチリア島岩塩〟、〝イスラエル死海の湖塩〟など。それらを蒸したじゃがいもとともにお皿に盛り、食べ比べ。見た目はもちろん、味わいもさまざま。同じじゃがいもでも、塩が違えば味はずいぶんと変わります。まずはどのタイプが自分の好みか、いくつか試してみるといいかも知れません。

トリュフソルト、ポルチーニソルト

きのこ好きに贈る、二種のきのこ塩

←温泉卵のトリュフソルトとポルチーニソルトがけ

ディーン&デルーカで、こんな塩をみつけました。トリュフソルトとポルチーニソルト。どちらもかぐわしさが魅力で魅惑的でもある塩です。瓶の裏を見てみると、トリュフの方は塩、トリュフ、それから香料。ポルチーニの方はドライポルチーニのほか、バジルやにんにく、セージやパセリなど香味野菜がいろいろ入っているよう。いずれにしても「気になったら食べてみる」を実践している私。試しに買ってみることにしました。

さて、これで何を食べようか? と思ったときに脳裏をよぎったのが、昔、フランスのブルゴーニュ地方のオーベルジュで朝ごはんに出てきたとろっとろのトリュフ入り温泉卵。そうだ、この塩で温泉卵を食べたらきっとあのときの味に近くなるかも!? 温泉卵ができたら温かいうちにエッグスタンドにのせて、スプーンでコツコツ叩いて穴をあけ、トリュフソルトをかけていただきます。とろとろ卵にトリュフの風味。相性はいわずもがな、ですよね? カリッと焼いて細く切ったトーストをつけながら食べるのもおすすめ。これらがあるだけで、朝の時間がとても贅沢なものに変わりました。さらに、このきのこの塩たち、きのこのペーストやきのこのソテーに使うと、きのこ感が増してよりおいしくなります。きのこ好きのあなたへ……。

①鍋に湯を沸かし、火を止める。冷蔵庫から出し立ての卵を入れ、そのまま12分おく。
②①の殻を少しむき、好みの塩を少しずつかけて食べる。

ドライトマト

夏の前菜に どうぞ

← たことオリーブ、ドライトマトのマリネ

ドライトマトは好きな乾物のひとつです。これを入れただけで、パスタだってスープだってぐっと深みのある味になるから。

使うときにそのつどやわらかくもどすのではなく、買ってきたらパッケージの中のものをすべて使って、オイル漬けを作ります。これさえあれば、使いたいときにすぐに使えてとても便利（もどす時間さえももどかしいときがあるのです）。一度作れば、冷蔵庫で一カ月ほど日持ちするので、清潔な瓶に入れて用途に応じて使います。

細かく切ったドライトマトのオリーブオイル漬けを、たこと黒オリーブ、オリーブオイルでさっと混ぜ合わせるこのマリネ、作ってすぐに食べてもいいけれど冷蔵庫で二、三時間おいてから食べるのがおすすめ。ドライトマトとオリーブからじんわり出たうまみが、たこにほどよく馴染んでおいしくなるのです。器に盛ったら食べる直前にレモンをたっぷり絞ります。白ワインやカヴァにぴったりな夏の前菜のでき上がりです。

作りやすい分量

①ドライトマト適量は湯に15分ほどつけ、やわらかくなるまでもどす。水けをきり、清潔な瓶に入れ、ひたひたにオリーブオイルを注ぐ。

②ゆでだこ300gは食べやすい大きさに切る。①のドライトマト6枚をみじん切りにし、ゆでだこ、黒オリーブ10粒とよく和える。レモンを絞り、こしょうを挽いて食べる。

＊ドライトマトのオリーブオイル漬けは冷蔵庫で約1カ月間保存可。

くるみといんげんのサラダは、とっておきオイルで

アボカド、アーモンド、ピスタチオ、グレープシードオイルに白トリュフや黒トリュフの風味をつけたもの……。ラ・トゥルランジェルのオイルは、魅力的なものがとても多く（ラベルの美しさにも惹かれて）、見かけるとつい新しい味を試してみたくなります。

このくるみオイル、ふたを開けるとまず芳しい香りが漂います。そのままスプーンで舐めてみると、くるみをギューッと濃縮したような味わい。それでいてとても新鮮。バゲットにつけると止まらぬおいしさです。ゆで野菜にオイルをたらし、ほんの少しの塩で食べる……、上質なオイルはこれだけで充分のおいしさ。オイルを味わうには最適な食べ方なのですが、最近、気に入っているのがこちら。歯ごたえが少し残るくらいにさっとゆでたいんげんに、くるみオイルのドレッシングをかけ、ローストしたくるみをパラリ。くるみオイルとローストしたくるみ、コリッとしたいんげん……、なんとも素敵なサラダのでき上がりです。いんげんは、面倒でもゆでたら半分に裂いてくださいね。くるみオイルが裂いた部分に馴染んで、おいしさ倍増になります。

← くるみといんげんのサラダ

2人分

①ヘタと筋を取ったいんげん1袋を塩少々を加えた湯でゆで、半分に裂く。
②くるみオイル大さじ3と白ワインビネガー大さじ1を合わせる。
③器に①を盛って②をまわしかけ、粗みじん切りにしたくるみ（ローストしたもの）軽くひとつかみをかける。

富成伍郎商店の豆腐

さまざまな味を包み、受け入れてくれる

長野には〝長野豆腐組合〟というものがあるらしく、そこで毎年豆腐の品評会が行われるのだとか！　数年前、富成伍郎商店の豆腐が最優秀賞をとったという新聞記事を目にし、興味を持って調べたところ、よく行く浅間温泉への途中に工場があるというではありませんか。直販もしているよう。さっそく行ってみると、工場の中は大豆のいい香りでいっぱい。店先で「お揚げと木綿二丁、絹ごし一丁くださいっ」などと伝えると奥から作り立てを出してくれるシステムでした。一瞬、入っていいのかな？　とたじろぎますが、どこからともなく車がやってきて、みんな慣れた様子で注文し、また車に乗って帰って行く……。こんなふうにお豆腐屋さんが街に馴染んでいるって、いい風景だな、なんて思います。この絹ごし、そのまま何もつけずに食べてもいいくらい、口あたりがなめらかで繊細。それでいてさまざまな味を包み込んでくれる器の大きさも持ち合わせています。辛みを利かせた麻婆豆腐やピータン豆腐、長ネギたっぷりのネギ豆腐、ね？　辛いものやクセのあるものなど、この豆腐なら、まあるく包んでおいしいひと皿にしてくれそうでしょう。

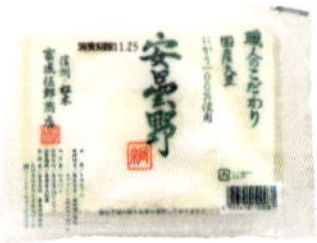

← ネギ豆腐

①みじん切りにした長ネギ10㎝分と醤油大さじ2、豆板醤小さじ1、酢とごま油各大さじ3をよく混ぜ合わせる。
②器に豆腐を盛り、たっぷり①をかけて食べる。
＊このソースは冷蔵庫で約1週間保存可。

富成伍郎商店の油揚げ

体を
ととのえてくれる
食べもの

お豆腐屋さんに行った日は、煮物やお味噌汁、炊き込みご飯などに入れる油揚げを必ず、数枚買うことにしています。お揚げを入れると野菜だけの煮物もこっくりとコクのある味わいになります。それは肉を食べたときの満足感とはまた別の満足感。油揚げは、そんな役どころも期待できるものなのです。初めて見たとき、この重量感にびっくり。堂々とした姿に惹かれて買ってみることに……。

まずはシンプルにグリルで焼いて、お醤油をたらしひと口パクリ。皮はぱりっと、中はふっくら。ほのかに大豆の香りも漂って……。想像以上の奥深い味に驚いたのでした。お豆腐がおいしいのだからお揚げもおいしいのは、当然の成り行き？　とはいえ、一枚食べたら大満足の存在感はすごい！　そう思ったのです。ちょっと食べ過ぎてしまったときや、旅から帰ってきたとき、胃が疲れているなと感じたときは、お豆腐屋さんに行って豆腐とお揚げを買います。豆腐は蒸して、油揚げは焼いて。あまり手をかけず、素直にいただきます。するとだんだんと胃が落ち着いて穏やかになっていくのがわかる。いつまでも食いしん坊でいられるのは、体をととのえてくれる、こんな食事のおかげだな、なんて思うのです。

揚げ焼き
←

①油揚げを1枚そのままで、網、トースター、オーブン、フライパンなどで両面こんがり焼き目がつくまで焼く。焼き立てに醤油をちょこっとたらして食べる。

富成伍郎商店

家の近くにお豆腐屋さんがある生活ってなんだかいいな、と思います。私は、面倒くさがり屋なので取り寄せは、ほぼしません。ワインや水などは、重いし、たくさん買えば送料もかからないし、ということで配達をお願いする場合もあるけれど、毎日使う生鮮食品は〝すぐに買える距離〟にあるということが、とても大切だと思っています。

富成伍郎商店は、地元では名の知れた手作り豆腐のお店。無類の豆腐好きの私は、温泉に行った帰りにほぼ必ずといっていいほどここに寄り、豆腐やお揚げを買って帰ります。大豆の味がしっかりする濃厚な豆腐は、ネギやしょうがといった薬味を利かせたソースをかけたり、肉みそと合わせても。夏は冷や奴で、冬はせいろで蒸して……と、いろいろな食べ方でいただきます。おすすめは塩とごま油をかけるだけのシンプルなもの。

以前、お店のご主人から「お店の地下を掘ってみたら、とても質のよいお水が湧いてきた」というお話をうかがったことがありました。おいしい豆腐を作るには大豆選びも大切だと思いますが、水もとても大切な材料のひとつ。松本は野菜などはもちろん、お醤油やお酒、わさび、自生のクレソンや芹など、おいしいものの宝庫。それは、きれいな空気、きれいな水があるからこそ生まれた味なのだなぁと思ったのでした。

ここのお豆腐はスーパーツルヤでも買えますが、作り立てを味わうには、直接お店に行くのが一番。お揚げやドーナッツなどおいしいものがいろいろあります。

買い物をするときに、ちらりと奥を覗くと見えるのがこの風景。一歩工場に入ると大豆を蒸す、いい匂いがプーンと漂います。

できたてのお豆腐は次々とパッケージへ……。作業はすべて手で、ていねいに行われます。

ふわっふわのできたて豆腐。このままでも、もう充分おいしそう。

昔ながらの浮かし揚げという
方法で何回も返しながら揚げ
た、手間暇かかったお揚げ。
国産大豆100%に、にがりと
高級菜種油を使用し、肉厚に
仕上げた古き良き味わいです。

見るからにおいしそうな揚げ立てのお揚げ。形や
大きさにバラつきがあるのは手作りだからこそ。
お店に来たお客さんは皆、お豆腐とこのお揚げを
買っていましたよ。

おから入りのドーナッツも
人気なのだそう。ひと口か
じるとふわっとやさしいお
からの味が広がります。

大久保醸造のぽん酢

お醤油屋さんの こだわりぽん酢

← 小松菜のおろしぽん酢和え

お醤油のページで紹介した、大久保醸造の大久保さんが、「最近の自信作はこれ」とすすめてくださったのが、このぽん酢。大久保醸造のお醤油と、徳島産のすだちを合わせた、ご主人こだわりのぽん酢です。お醤油のうまみとさわやかなすだちの風味がなんとも絶妙。今まで市販のぽん酢にどうもピンとくるものがなく、自分で作っていたのですが、このぽん酢を知ってからはその手間がなくなりました。以来、ぽん酢といえばこれひと筋、なのです。

　お鍋のときはもちろん、サラダ、ちくわの磯辺揚げ、雑炊、白身のお刺身など、何かとぽん酢の出番が多い我が家のテーブル。そのなかでもよく作るのがこの小松菜のおろしぽん酢和えです。さっとゆでた小松菜を、辛みの利いた大根とぽん酢で和えると……、かつお節とお醤油のおひたしとは、またひと味違うしゃきっと潔い一品ができ上がります。葉は、小松菜に限らずほうれん草や、春菊、クレソンなどなんでも。おいしく作るポイントは、あまりゆですぎないよう注意すること。それから、大根おろしはたっぷりと入れてください。気が付いたら「あれ？　一把、全部食べちゃった！」なんてこともしょっちゅうの小松菜のおろし和え。ご飯のおともに、お酒のつまみに、大勢の人が集まる食卓の箸休めにも。ぜひお試しあれ。

①小松菜1把をゆで、食べやすい大きさにざく切りにする。
②ボウルに小松菜と軽く汁けを絞った8㎝分の大根おろしとぽん酢大さじ4を加えて和える。

パンチェッタ

母の炒飯がおいしい理由

母が作る炒飯は、いつもとてもおいしい。何が秘訣なのかしら……と思って見ていたら、ハムやベーコンではなくて、パンチェッタを使っていたのでした。肉のもつうまみと程よい塩気がじんわりご飯に染み込み、なんとも味わい深くなるのです。パンチェッタといったら、パスタなどのイタリア料理の食材……、なんて思い込んでいたけれど、こんな使い方もあるんだと膝を打った出来事でした。玉ねぎを炒めるときに少し焼き色をつけること。炒めた具にしっかり塩とこしょうで味をつけることなど、おいしい秘訣はほかにもあって、ただ炒めりゃいいってものでもないんだなぁと反省。簡単に見える料理ほど、おいしく作るのは年季がいるものなのですよね。

さて、そのパンチェッタ、私は食感が感じられる五㎜ほどのあつさに切ります。その理由は、豚肉のうまみがひしと感じられるくらいがいいな、なんて思っているからなのです。

←パンチェッタの炒飯

4人分

①フライパンにサラダ油適量を熱し、卵2個を割り、ほぐしながら焼く。塩とこしょうで味をととのえ、半熟程度でいったん取り出す。

②①のフライパンにサラダ油少々を足し、みじん切りにした玉ねぎ（小）1個を炒める。しんなりしたら細切りにしたパンチェッタ10㎝分を加え、炒め合わせる。焼き目がしっかりつくくらいまで炒めたら①の卵をもどし入れ、塩とこしょうをふって炒める。

③②に冷やご飯茶碗3杯を加えて炒め合わせる。全体が合わさったら鍋肌から醤油をひとたらしし、ざっくり混ぜる。

APOCのパンケーキミックス

これさえあれば、お店の味？

← パンケーキ

東京は表参道・骨董通りのパンケーキ屋さんAPOC《アポック》。この店のオーナーシェフで、料理家でもある大川雅子さんとは古くからのお付き合い。お店では、雅子さん自らが焼くパンケーキを味わえるのですが、そのパンケーキのおいしいことったら！　世界中のパンケーキを食べ歩いたと豪語する、パンケーキ好きの友人が「ここのが一番おいしい！」と唸《うな》ったほど。私も表参道付近でお腹が空いたり、おやつが食べたいなぁ……なんてときには、自然とAPOCに足が向いてしまいます。休日の朝ごはんに、訪れることもしょっちゅう。仲間内では「パンケーキといえば、APOC！」が合い言葉のようになっています。

そんなAPOCの味を家でも楽しめるのが、このパンケーキミックス。我が家ではいつも二、三袋、買い置きしておき、朝ごはんやおやつにいただきます。雑穀入りの〝グレイン〟、〝コーンミール〟、南米ペルー産のチョコチップが入った〝チョコレート〟など種類いろいろ。我が家の定番になっているのは、雅子さんの黄金配合によるシンプルな〝バターミルク〟です。バターをとるときに分離した、乳脂肪のない水分を加えること、これがおいしさの秘密。APOCではチーズを作る過程で出た、北海道産のホエイパウダーを使っているんだそう。一袋二八七gに対して卵一個と、牛乳二五〇㎖を入れ、よく混ぜるだけで生地の完成。あとは焼くだけ。一袋で約一〇枚分のパンケーキが作れるのですが、これがふわっとして、もちっとして……、たまらないおいしさなのです。バターもメープルシロップも惜しげなくたっぷりかけて、いただきます。

エルダーフラワーシロップ

初夏の味

春から初夏にかけて白い小さな花を咲かす、エルダーフラワー。日本では「セイヨウニワトコ」と呼ばれ、風邪や花粉症などにも効用があるといわれています。ヨーロッパでは古くから馴染みのあるハーブのひとつで、乾燥させた花をハーブティーにしたり、摘んだ花を水と砂糖で煮て、シロップを作る人もいるのだとか。その香りは、マスカットのようでもあり、何か別の果物のようでもあり……。かいだことのない不思議な香り！　瓶のかわいらしさに惹かれて買ってみたのが七年くらい前のことでした。夜眠る前や、仕事の合間にお湯で割って飲むことが多いのですが（イライラを鎮める効果も）、暑い日に、炭酸で割って飲むのも好き。さわやかな落ち着いた気分になるのです。

夏のある日、氷との相性もよさそうだな、と思って作ってみたのが、このグラニテ。シロップと水を一対二で混ぜて冷凍庫で冷やし固め、フォークでシャリシャリかき、また冷やし固める、を繰り返すのですが、お湯や水で割るのとはまた違い、さわやかさ倍増！　ふわっとした最初の食感とあとからくるシャリッ感がたまらない。夏の定番グラニテになりました。

作りやすい分量

①エルダーフラワーシロップと水を1：2の割合で合わせて容器に入れ、冷凍庫で1時間冷やし固める。

②①をフォークでシャリシャリと混ぜ合わせ、再び、冷凍庫で1時間冷やし固める。これを5〜6回繰り返す。

← グラニテ

Belvoir

田庄の海苔

磯辺焼き、私の場合

吟味された有明海と瀬戸内海産の海苔のみを使い、一枚一枚ていねいに焼かれる寿司海苔問屋・田庄の海苔。面倒くさがりなので、取り寄せはほとんどしない私ですが、田庄の海苔だけは別です。と言っても、取り寄せの手配をしてくれるのは叔母。荷物が到着すると「届いたわよ」という電話が実家の母のところに入ります。私は母が叔母から分けてもらった海苔をお裾分けしてもらう……というシステム。かえって面倒？　いえいえ。海苔がつないでくれる親戚づきあいというのもいいものではありませんか。

田庄の海苔を知ってから、他の海苔は食べなくなりました。ふうわりとした磯の香り。ぱりっとした歯ごたえ。封を開けたらまずは一枚、パリパリそのまいただき、海苔の味を堪能します。その後はお餅を焼いて、磯辺焼きに。お餅と醤油、そして海苔。いったいこの組み合わせ、だれが考えたの？　と感心せずにはいられないおいしさです。これとあつあつのお茶があれば、最高のおやつの時間になるのです。もっと海苔を食べたい！　というとき、私はこの磯辺焼きの上にさらに海苔を巻いてパクリ。醤油が染みた海苔の上にパリッとした海苔。これは海苔好きにはたまらない一品と言えましょう。海苔ｏｎ海苔の磯辺焼き、田庄の海苔でお試しあれ。

① 餅を焼き、両面に醤油をつける。海苔を巻いて食べる。

← 磯辺焼き

オーボンヴュータンの
キャラメルクリーム

苦くて甘い
幸せのひと瓶

← アイスのキャラメルがけ

尾山台のフランス菓子屋さんオーボンヴュータン。お店に並ぶお菓子の数々は、まるで宝石のよう。シェフの河田さんの作るお菓子は、多くの人を虜にしてやみません。もちろん私もそのひとり。通いはじめて十年以上経ちますが、いつ行っても何度食べても、新しい発見と驚きがあります。

お店に入って左側、生菓子のショーケースの向かいには、ジャムや飴などがずらりと並ぶ棚があります。生菓子を包んでもらっている間、その棚を眺め、お持たせによさそうなお菓子や、家で食べるジャム選びをするのが、ここでの最後のお買い物。

先日、いつもと同じように、のんびりと棚を眺めていたところ、タルティヌ・カラメルとショコラ、ふたつのおいしそうな瓶を発見。こっくりした色合いのキャラメルとチョコレートのペースト……。新発売ですか？　とお店の人にたずねると、八年ほど前からお店に置いているとのこと。ちっとも気付きませんでした！　さっそく買って帰り、スプーンですくって食べてみると、少しほろ苦い大人のキャラメルという印象。バニラビーンズがたっぷり入って、とてもいい香りです。もうひとさじ、もうひとさじ、と止まらないおいしさでした。このキャラメル、パンに塗るのはもちろんですが、アイスクリームにかけたり、カプチーノの泡の上にかけても、とってもおいしいのです。甘くて、少し苦くて、香り高いタルティヌ・カラメルサレ。ひと瓶あると、とても幸せな気持ちにしてくれます。

ツナ缶

ツナ缶に、うっとり

鎌倉に住む友だちが「きっと好きだと思う」と言って連れて行ってくれた、イタリア食材とデリの店、オルトレヴィーノ。イタリアのアンティーク家具が置かれた素敵な店内は、レストランとしても利用できるので、買い物の後、おすすめの生ハムとワインで一杯……なんてことも可能。

ここで毎度必ず買うのが、このツナ缶です。「オリーブオイルとキハダマグロの味がしっかりしていて、とても味わい深いんです」と言うのは、店主の古澤さん。お店でも人気の商品なのだとか。

ツナといえば……、とふと子どもの頃、母が作ってくれたパスタを思い出しました。オイルでナスとツナを炒めて、たしか、最後、鍋肌からお醤油をたらしていたはず。記憶をたどって作ってみたところ、懐かしいあの味がよみがえってきました。母はツナのオイルをしっかり切っていましたが、この缶詰を使えばその必要はなし。漬け込んであるオイルもおいしいので、ひと缶まるごといただきます。

2人分

①フライパンにオリーブオイル適量と包丁の腹でつぶしたにんにく1片を入れ、火にかける。いい香りがしてきたら縦半分に切ってから薄切りにしたなす2本を加え、炒める。しんなりしたらツナ缶104gを汁ごと加え、こしょうをたっぷり挽いて炒め合わせる。全体にツナが行きわたったら鍋肌から醤油をひとたらしし、ざっと炒める。

②160gのスパゲッティを袋の表示通りにゆで、ざるに上げる。

③②を①に加え、和える。

← ツナパスタ

プルーンペースト

プルーンといえば
アジャンです

フランス南西部のアジャン地方は、プルーンの産地として有名なところ。温暖で肥沃な大地が育てる、この土地のプルーンは実がとても大きくて果肉たっぷりなのが特徴なんですって。干したプルーンの中に、りんごとプルーンの果肉煮を詰めたプリューノ・フーレというお菓子がありますが、こちらもアジャン地方の名菓。これがもうプルーン好きにはたまらないとろける味。十年前にこのお菓子を知ってから「プルーンといえばアジャンのもの」としっかり頭の中にメモしたのでした。

黄色地に男の子のにっこりした笑顔がプリントされたラベルがかわいらしい、このアジャン産プルーンのピュレの瓶詰め、容量どっしり三五五g。そしてそして、なんと！　アジャン産の有機プルーンだけで作られているのです。加糖されていないので味はドライプルーンそのもの。ハチミツと一緒に食べたり、お菓子に入れたり、と応用自在です（たまにチャツネ代わりにカレーに入れたりすることも）。私と同じくらいプルーン好きの娘は、毎朝、ヨーグルトにたっぷり入れて食べています。そして食べるたび「ほんとうにおいしいよね、これ」と満足げ。こんな調子なので、どっしり三五五gの瓶も、我が家ではあっという間になくなってしまうのです。

←

水きりヨーグルトの
プルーンがけ

①プレーンヨーグルトをガーゼまたはさらしなどで包み、冷蔵庫でひと晩おいて水きりする。器に適量ずつ盛り、プルーンペーストをたっぷりかけて食べる。

モン・ドール

黄金の山からの冬の贈り物

← パンにつけて

チーズ屋さんの店先に、このチーズが並びはじめると冬の訪れを感じます。スイスとフランスの国境をなすジュラ山脈の高地で放牧される牛の乳から作られるこのチーズはモン・ドール（黄金の山）と呼ばれるウォッシュタイプのチーズ。生産期間が八月十五日から三月三十一日までと限定されているため（つまり製造する時間と熟成期間を入れると、私たちのところに届くのは九月の末以降になるというわけ）「冬のチーズ」という印象が強いのです。

チーズのまわりにはモミの木の一種、エセピアという木の皮が巻かれていて、その香りがほどよくチーズに移り、モン・ドールのおいしさにひと役買っています。熟成が進むと、中はとろとろ。カマンベールなどのように切りわけて食べる、というよりは、スプーンやナイフですくってドライフルーツなどと一緒に、パンにつけながらいただきます。

少し前まで日本では、チーズ専門店でしかお目にかかれず珍重されていた感じでしたが、最近は近所のスーパーでも目にするようになりました。少々クセがあるので、大丈夫かなあ、売れるのかなあ……と心配していたのですが、売れ行きはわりといいよう。ワインもそうですが、チーズもあっという間に日本の家庭の食生活に取り入れられるようになったのだなぁとしみじみしています。

モン・ドールを食べる日は、食卓につく二時間くらい前に、冷蔵庫から出しておきます。室温にもどってとろーりとしたら食べ頃。赤ワインと一緒に、召し上がれ。

テーブルコショー

日本の食卓の定番

細長い台形の瓶に赤いふた。ラベルには〝テーブルコショー〟の白い文字。どこか懐かしい雰囲気が漂うこの瓶、見たことがない人はいないんじゃないかな？　というくらい日本の台所に浸透しているこしょうです。ブラックペッパーとホワイトペッパーの配合の具合がなんとも絶妙。そして万能。実家の母はこのテーブルコショーを料理にふんだんに取り入れています。野菜炒めに入れる豚肉の下味、炒飯、鶏のバターソテー、ステーキ……、挙げればキリがないのですが、母のすごいところは、このこしょうと仕上げにミルで挽く粗挽きこしょうの〝二段使い〟をするところ。つまり、粒子の細かいテーブルコショーと挽き立てこしょうの魅力は〝別もの〟と考えているのです。その鮮やかなこしょう使いは見るたび、感心させられます。私はといえば、ずっとミルのみの挽き立て派だったのですが、最近母が作ってくれた菜の花のバター炒めを食べて、やっぱりテーブルコショーは常備しないとと改心しました。この菜の花のバター炒め「ふつうのバター炒めでしょ？」と思うなかれ。菜の花のほろ苦いおいしさがバターで引き出され、テーブルコショーの細かい粒子がそれをふんわりやさしく包む。挽き立てのこしょうにはない独特の味わいが広がります。

← 菜の花のバター炒め

2〜3人分

①フライパンにバター10gを入れ、火にかける。溶けてきたらざく切りにした菜の花2把の茎から加え、炒める。しんなりしたら葉も加え、炒め合わせる。全体がしんなりしたら塩で調味し、たっぷりこしょうをかけてざっと合わせる。

ナンプラー

これ一本で、パパッとタイ風味

ナンプラーは小魚と塩を合わせて発酵、熟成させてできるタイの調味料。トムヤムクンやカレー、パパイヤサラダなど、ナンプラーで味つけされる料理も多く、タイを代表する調味料といっても過言ではないもの。似たものでいうと、日本では〝しょっつる〟や〝いしる〟と呼ばれる魚醤が、ベトナムでは〝ヌクマム〟があります。使い方は、日本人がお醤油を使う感覚と似ているのかも知れません。独特の匂いがあるので「苦手！」と言う人もいるかも知れないけれど、ナンプラー好きにはそれがたまらない魅力！　匂いとともに魚のうまみもたっぷりなので、煮麺や蝦子麺などの麺を食べるとき、ゆで汁にナンプラーのみで味つけして食べることも多いのです。鶏のもも肉のローストはよく作る料理のひとつ。いつもたいていオリーブオイルとローズマリーと塩で味つけするのですが（これがワインにぴったり）、夏のある日、タイビールに合う鶏のローストをにんにくとナンプラーで下味をつけて焼いてみたところ、いい感じにタイ風味に。ここでは目安として分量を入れましたが、瓶から直接もも肉にかけても意外に大丈夫。南国出身の調味料ですもの、大らかにいきましょう。

← ナンプラー鶏

3〜4人分

①鶏もも肉2枚とみじん切りにしたにんにく1片、ごま油大さじ1、ナンプラー大さじ3を合わせ、1時間ほどマリネする。

②①を皮目を上にしてクッキングシートにのせ、180℃に温めたオーブンで40分ほどこんがりと焼く。

スピガドーロのトマト缶

味はもちろん、見かけも重要

← トマトソース

毎日の料理作りに欠かせない存在なんだなぁ……。トマト缶のストックがなくなると、そんなことに気付かされます。鶏のトマト煮、ミートソース、ミネストローネ、ラタトゥーユ、チリコンカン、そういえばカレーを作るときにも。こうしてトマト缶を使った料理を挙げると、すぐにいくつか思い浮かぶ。私にとっては慣れ親しんだ食材のひとつなのです。定番はトマトソース。作るときはトマト缶をふたつ使って多めに仕込み、保存容器に入れて冷蔵庫で保存。パスタやピザなどに使います。

カロチンが豊富な南イタリアの完熟トマトを湯むきして、トマトジュースと合わせたというスピガドーロのトマト缶。味はもちろん、缶のデザインもお気に入り。買うときはいつも一〇個単位。ストック棚にこの長細くて真っ赤なイタリアならではの、かわいらしいトマト缶が並ぶと、なんだかそれだけでうれしくなるのです。え？「見かけじゃないよ」ですって？ もちろんそうなのですが、私にとっては見かけだって、とても重要。だってそれだけで料理に向かう気持ちが楽しくなるんですから。

作りやすい分量

①鍋にオリーブオイル大さじ5と包丁の腹でつぶしたにんにく2片を入れ、火にかける。いい香りがしてきたらトマト缶2個をつぶしながら加え、炒め煮にする。煮立ったらバジルの葉2～3枚を加え、弱火で10分ほど煮て、塩で味をととのえる。

＊密閉容器に入れ、冷蔵庫で1週間保存可。

八丁味噌

作り立ても、翌朝も

八丁味噌とは、愛知県岡崎市八帖町で江戸時代初期から変わらぬ製法で作られ続けている豆味噌の銘柄のこと（岡崎城から西へ八丁（八七〇ｍ）離れた八丁村が発祥の地とされることから「八丁味噌」と呼ばれるようになったのだそう！）。大豆の栽培が盛んだったことや、良質の塩が手に入りやすかったこと、天然水が豊富だったことなどからこの地で味噌作りが行われるようになったのだそうです。この八丁味噌、三河産の大豆と塩を使い、二夏二冬（つまり二年間）以上かけ、木桶でじっくり天然醸造させているため、大豆のうまみと栄養がたくさん含まれているのだとか。その八丁味噌を使ってよく作るのが、ごぼうと豚バラのお味噌汁です。ごぼうと豚バラをごま油で炒めたものを具にするので、食べごたえは充分。我が家では焼き魚とおひたしといった、あっさりしたおかずのときに、このお味噌汁を作ってバランスをとることが多いのです。お味噌汁は作り立て、煮えばなが一番。常々、そう思っているのですが、このお味噌汁だけは別。ひと晩たつと、ごぼうに味噌の味が染みてとってもおいしい！　娘は翌朝、炊き立てご飯に、あつあつのこのお味噌汁をかけて食べるのが大好き。お腹がぽかぽかになるんですって。

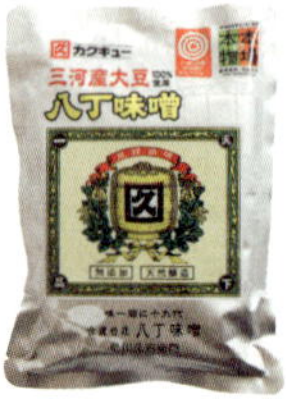

←ごぼうと豚バラのお味噌汁

3～4人分

①ごぼう1/2本はささがきにして水にさらす。豚バラ肉100gは細切りにする。
②鍋にごま油大さじ1を熱し、①を炒める。火が通ったらだし汁4カップを加え、煮立ったところで味噌適量を溶き入れる。

LONG TRACK FOODSの
アジアソース

おしゃれデリの アジアソース

←

豆苗《とうみょう》の アジアソース炒め

鎌倉駅から由比ヶ浜へ向かう途中の一本道に佇むデリカテッセン、LONG TRACK FOODS。季節の野菜を使ったピクルスやパンにぴったりのディップなど、ほっとする味わいでありながら、どこかおしゃれなお惣菜が買えるお店です。瓶や「LONG TRACK FOODS」という白地に赤のお店のロゴもかわいいので、ここの瓶詰めを鎌倉土産にすることもしばしばです。先日、久しぶりに会う友人へのお土産に買ったのが、このアジアソース。シーズニングやナンプラー、オイスターソース、香辛料などが入ったソースなのですが、プレゼントした翌日から「今日はゴーヤーのサラダに入れてみたよ」とか「炒飯の味つけにした」なんて報告があり、私もそれに触発され、煮卵の味つけに使ったり、きゅうりや大根を浸してアジア風の漬け物にしてみたりと、いろんな味を試し中。さまざまな調味料の味が重なり合い、複雑な味わいを醸し出しているので、これひとつだけでたくさんの調味料を駆使したような味に仕上がるのが魅力。おすすめは、炒めものの味付けに使うこと。火を通すと、ソースがいい感じで煮詰まって、こっくりした味になるんです。このソース、これからさらに我が家の食卓に新風を巻き起こしてくれそうです。

作りやすい分量

① フライパンにサラダ油とみじん切りにしたにんにく1/2片を入れ、火にかける。いい香りがしてきたら根元を落とした豆苗2パックを加え、炒める。しんなりしたらアジアソース大さじ3をまわしかけ、ざっと炒め合わせる。

明治屋

「お肉（それも特に牛肉）は、明治屋さんで」というのが母の教え。実家にほど近い玉川髙島屋は、小さな頃から通っている、私にとっては馴染みのデパート。その地下一階にあるのが明治屋で、買い物の最後、ここでお肉と生鮮食品を買うのが定番のコースです。明治屋の牛肉は、肉質と脂肪の色、霜降りの入り具合を入念にチェックし、枝肉で競り落とされた国産黒毛和牛の雌を使用。肉質がやわらかいだけではなく、霜降りの具合と締りが程良く、脂肪に甘みがあるのが特徴です。また、店員さんの行き届いたサービスと心意気にも、一本筋が通っているのも素敵なところ。だからか、清潔で活気のある店内は、いつ訪れても気持ちがいいのです。肉の買い物がメインで髙島屋の明治屋に行くときは、だいたいオープンしたての平日の十時台。ご近所、世田谷のマダムや朝の散歩の途中かな、という感じのおじいちゃんなど、常連さんが多いのもこの時間です。ところでこの精肉売り場、全体の三割は常連さんと知り、びっくり。そういえば、顔馴染みの店員さんと「この前のお肉、おいしかったわ～」なんておしゃべりしているおばさまを見かけることもしょっちゅう。私は常連ではないけれど、肉を思い浮かべたとき、明治屋の肉がすぐ頭に浮かぶ。近くを通ったら素通りできず、何かおいしそうなもの入っているかな？　なんて覗いたり……。そんな感じで、お付き合いしています。明治屋の牛肉は、「うーん」と唸りたくなるおいしさ。シンプルに塩だけで味わうとよくわかると思うのですが、「肉を食べてます」という満足感にしみじみとひたれる肉なのです。

明治屋ストアーの黒毛和牛メス
¥2000
¥2000
¥980
¥980
¥1400
¥1000
¥1400

“牛リブロース”、“牛ももすき焼き用”……。美しくととのえられた牛肉がずらり並んだ一角。いつ見ても、購買意欲が湧く、ショーケースです。

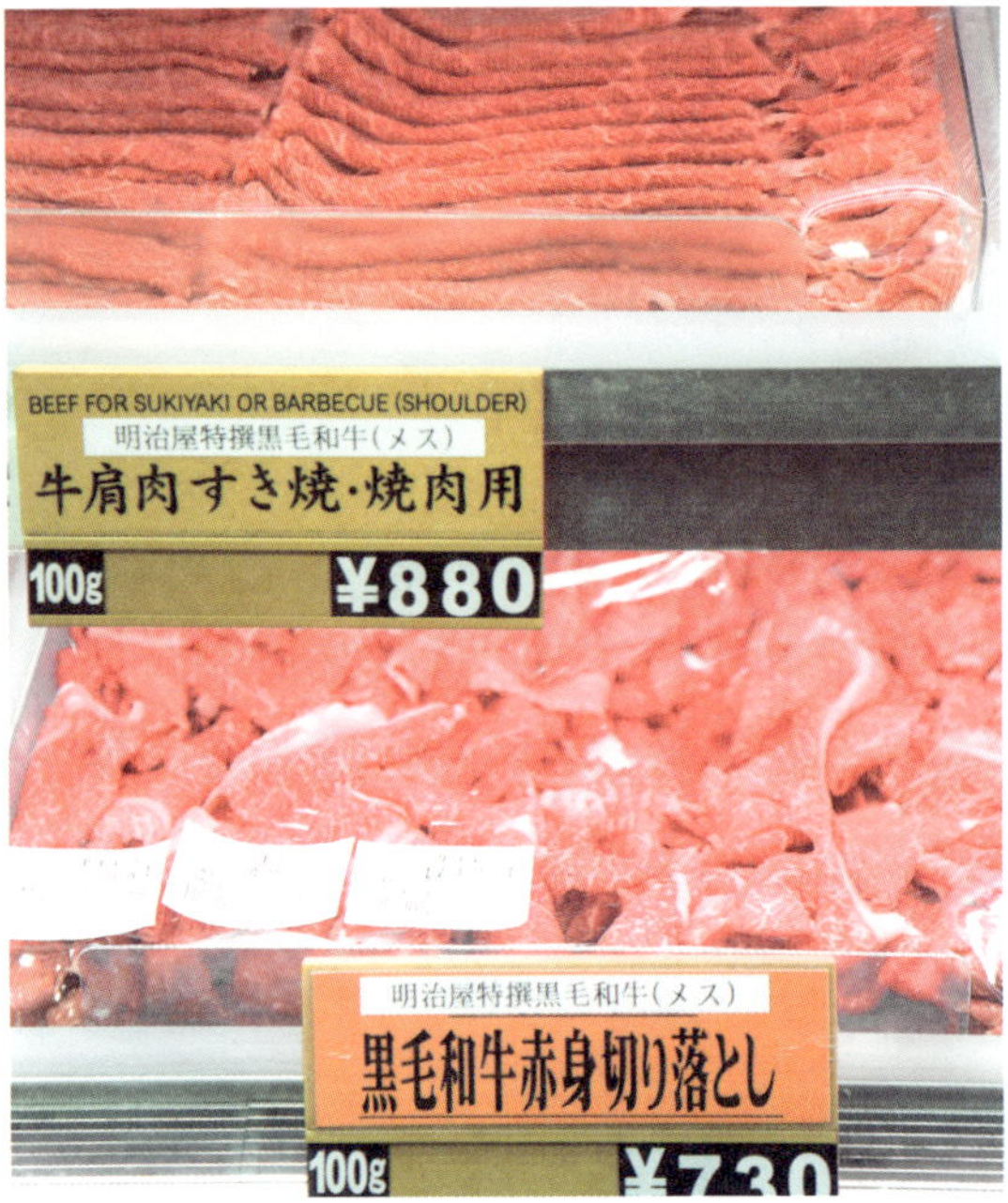

明治屋の牛肉は、国産の黒毛和牛。脂肪と肉質がやわらかく、霜降りもただたくさん入っているわけではなく、入り方の加減も締りも程良いのが特徴。甘みのある脂肪は、焼いた瞬間に、その香りの高さでわかるのだそう。

約2週間の熟成後、うまみが出る頃を見はからって出されるという、牛肉。我が家で肉じゃがを作るときに買うのは、この黒毛和牛赤身の切り落とし100g、730円(撮影時)。形は不ぞろいですが、味にはなんら変わりがないもの。通はこれを購入するみたいですよ。

いつもとてもていねいに対応してくれる、精肉売り場の店員さんたち。常連さんが多いというのもうなずけます。

明治屋の牛肉

肉好きの血が騒ぎます

今日のお買い物は、牛の切り落としを三〇〇g、豚肩ロースを五〇〇g。包んでもらっている間に「やっぱり鶏もも肉二枚追加してください！」なんてこともしょっちゅう。ずらりと肉が並んだショーケースの前に立っていると、肉好きの血が騒いで、ついあれもこれもと頼んでしまうのです。滞在時間に比例して買い物の量が増える……明治屋精肉売り場は、そんな店なのです。

ここでは母の教えの通り（？）牛肉を買うことが多い。特に肉じゃがを作るときは必ず明治屋さんのものを使います。じゃがいもに染み込む牛肉の味は、おいしいものでないといけない。せっかく手をかけて作ったのに、すべてが台無しになってしまいますからね。肉じゃがを作るときは、切り落としの牛肉を使います。この切り落とし、すき焼き用に切り揃えるときに出たはじっこの肉。形は不揃いですがお値段控えめ。お買い得なのです。

私が作るのは、醤油と砂糖でしっかり味つけした肉じゃが……ではなくて、あっさりした味の肉じゃが。牛肉と、牛肉から出たおいしさが煮含められたじゃがいもを、心ゆくまで味わいます。

作りやすい分量

①玉ねぎ（小）1個とじゃがいも（中）3個は皮をむいて乱切りにする。

②鍋にサラダ油を少しひき、①を炒める。油がまわったら牛肉２００gを加えて炒め合わせ、肉の色が白っぽくなったところで水2と1/2カップを加える。煮立ったらアクをひき、酒、醤油各大さじ5、砂糖大さじ2を加え、再び煮立ったら弱火にし、20分ほど煮る。

← 肉じゃが

永楽製麺所のかた焼きそば

中華街の定番、老舗の麺

ときどき、横浜の中華街へ食材を買い出しに行きます。お菓子はここ、スパイスはあの店、野菜ならここ、というふうに行くお店のコースは決まっていて、買う物もほぼ一緒。観光客の間をすり抜け、すり抜け、買い物します。コースの最終地点、車に乗り込む前に必ず立ち寄るのが永楽製麺所。昭和二十二年、中華街の路地裏の小さな工場からスタートしたこのお店、当時はおばあちゃんが毎日、その日に売る麺をコツコツと打っていたのだとか。お店が大きくなった今もその精神は何ら変わることなく、昔のままの製法で作られているのだそうです。ここのお気に入りが、パリッパリのかた焼きそば。太さは二種類あってどちらにするか迷うところですが、生麺と違い一カ月ほど日持ちするので、結局いつも太いのと細いの両方、各二袋ずつ買って帰ります。中華街に行った日の夜は、あんかけ焼きそば、が定番。もやしとニラのとろりとしたあんとかた焼きそばのパリッとした食感がたまらない。酢をたっぷりかけてどうぞ。

←

中華風
あんかけかた焼きそば

2人分

①豚もも薄切り肉300gは細切りにし、酒大さじ2、醤油大さじ1、黒こしょう少々でざっと下味をつける。ニラ1/2束は3cm長さのざく切り、もやし1/2袋はひげ根を取る。

②フライパンにサラダ油適量を熱し、①の豚肉を炒める。白っぽくなったらニラともやしを加えて炒め合わせる。ニラがしんなりしたら鶏ガラスープ3カップを加える。煮立ったら塩小さじ1と1/2で調味する。片栗粉大さじ2と水大さじ3を合わせたものを加え、とろみをつける。

③器にかた焼きそばを盛り、②のあんをたっぷりかける。好みで酢をかける。

大木ハムのハム

日本初のハム＆ソーセージ屋さん

横浜の元町は中華街から歩いてたった五分ほどなのに、がらりと雰囲気が変わり、どことなく外国風。洗練された空気が漂う街です。外国人向けの商品を扱うスーパーとしてオープンした、もとまちユニオンでワインなどを買った後、創業百年以上という老舗のパン屋、うちきパンでパンを調達。その後、キャラバンコーヒーでひと休み。というのが中華街コース同様、元町お決まりのコース。ここ大木ハムも元町コースにははずせない店のひとつです。元町のメインストリートから一本入った細い路地の一角だというのに、お客さんがひっきりなしにやってくる、地元でとても人気のお肉屋さん。初代の大木市蔵さんは、日本人として初めて本格的なソーセージやハム作りをドイツ人から学んだとして知られている方。そう、ここ大木ハムは日本で初めてのハム＆ソーセージ屋さんなのです。生肉とともに売られるコーンビーフやベークドハムなどの加工肉もおいしいのですが（特にコーンビーフは休日の昼すぎには売り切れ！）、私の最近の気に入りは、パプリカなどの野菜を入れたハム。これをたっぷり重ねて挟み、サンドウィッチを作ります。ハムを何枚も重ねるため、厚みはほぼパンと同じ!? 食べごたえ充分なのです。ハムの味わいを楽しむために作るサンドウィッチ、ぜひ、試してみてください。

①サンドウィッチ用のパンにバターと粒マスタードを順に重ねて塗り、サラダ菜適量と分厚く切ったハムをのせ、もう1枚のパンでサンドする。ハムは好きなだけ挟む。

← ハムサンド

松仙堂の純栗ペースト

私の心を躍らせる、小布施の栗ペースト

暑い盛りが過ぎ、秋の気配が漂いはじめると、気持ちは信州・小布施《おぶせ》へ向かいます。そう、栗の季節がやってくるのです。

毎年、私の心を躍らせる小布施の栗。その歴史はとても古く、今から約七百年も前の室町時代初期に丹波から移植されたのがはじまりとか。小布施には栗菓子のお店が何軒かありますが、私は街から少し離れた栗林の中にぽつりと立つ、松仙堂さんひと筋。小布施栗にこだわり自園で栽培。製品まで一貫して自分たちで手がけられる松仙堂さんの栗菓子は、手作りならではのていねいな味。なんと、毎日、お店の周りの栗畑に落ちた完熟栗だけを拾い、加工しているのだそうです。

茶巾や最中《もなか》など、栗の季節にしか出合えないお菓子も魅力的ですが、一年中、小布施栗が味わえる純栗ペーストの瓶詰めも魅力的。栗のペーストはフランスのもの、と決めていたのですが、しとやかな小布施栗の味わいにすっかり虜。「栗のペーストといえば松仙堂さん」になったのでした。

ブランデーを少したらした純栗ペーストと、七分立てに泡立てた生クリームを一緒にいただくと、それはもう夢見心地の幸せ。そば粉のガレットとも相性がよく、ひと瓶あれば栗のおやつがいろいろ作れます。でもなんといっても気軽でおいしい食べ方はトーストに塗ること！　カリッと焼いたトーストにバターを塗って、純栗ペーストをたっぷり。あぁ、生きててよかったと（大げさではなく）思う瞬間です。

← トーストの
栗ペーストのせ

アリサ

味の引き締め役

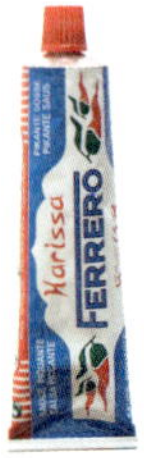

うどんには七味をパラリとふって、ビビンパにはコチュジャンを。肉みそには豆板醤という具合に、料理にピリリと辛い唐辛子を利かせると、味がぐぐっと引き締まります。アリサも、クスクスを食べるときには欠かせない辛み。お皿の端っこにちょこんと絞り出し、少しずつ少しずつ混ぜながら食べます。これがないとなんだか寂しいというか、物足りないというか、そんな存在。赤唐辛子をベースに、コリアンダーやクミンなどのスパイス、にんにくなどから作られるアリサ。洋風の料理にもうひと味何か……、なんてときに足すことが多いかな。

鶏のオーブン焼き、ペペロンチーノ、野菜のグリルマリネなど、わりとなんでも相性よし。ほんの少しで異国の味になるところが魅力です。

クスクス ←

作りやすい分量

①鍋にオリーブオイル適量と包丁の腹でつぶしたにんにく2片を入れ、火にかける。いい香りがしてきたら食べやすい大きさに切った玉ねぎ（中）1個、にんじん（中）1本、セロリ1本、なす2本、ヘタと種を取ったパプリカ2個を固い順に入れ、そのつどよく炒め合わせる。全体にオリーブオイルが馴染んだら、トマト缶（400g）1缶と缶2杯分の水を加え、強めの中火で煮込む。煮立ったらクミンパウダーとコリアンダーパウダー各大さじ1とタイム1枝を加え、弱火で1時間～1時間半煮込み、塩で味をととのえる。
②ボウルにクスクスを入れて同量の湯を加え、ラップをし、5分ほど蒸らす。塩、こしょう、オリーブオイルを各適量かけてよく混ぜる。
③器に②と①を盛り合わせ、香菜を添え、アリサをつけながら食べる。

Harissa
FERRERO
SAUCE PIQUANTE
SALSA PICCANTE

トマトペースト

隠し味にどうぞ

ときどき、無性に羊肉が食べたくなります。そんなときは骨つきのラムをソテーして食べることが多いのですが、時間と心に余裕のあるときはミートボールを作ります。骨から身をはずし、プロセッサーで粗くミンチにするのですが、かたまりで食べる羊肉とはまた違うおもむき。クミンやコリアンダーなどのスパイスを加えたせいか、どこかモロッコ風？　クスクスと一緒に食べるとさらにその気持ちが盛り上がります。このミートボール、隠し味はスパイスだけではなく、トマトペーストもほんの少し。今回の羊はクセの少ない、生後間もない乳飲み子だったのでペーストの量を控え、噛み締めると〝どこか遠くの方でトマト味が呼んでいる……〟という感じにしたのですが、少し大人の羊の場合は、量をもう少し増やしてもいいかも。いずれにしてもトマトペーストは〝隠し味〟として使うとよく合うみたい。奥深さが増すような気がします。

← 羊肉のミートボール

作りやすい分量

①骨付きのラム肉700gは骨から身をはずす。
②フードプロセッサーに①、塩小さじ1、クミンパウダー1、コリアンダーパウダー1、チリパウダー各適量、トマトペースト大さじ2を入れ、粗いミンチ状にする。
③ボウルに②を移し入れ、みじん切りにした玉ねぎ（小）1/2を加える。よくこねてから小さな丸形にまとめる。
④油をひかずにフライパンを熱し、③を並べ入れる。両面に焼き目をつけてからふたをして2分ほど蒸し焼きにする。串を刺して、透明の肉汁が出たら焼き上がり。
⑤器に盛り、香菜と輪切りのライム各適量を添えて、一緒に食べる。

わさびと葉わさび

西洋わさびならぬ、安曇野わさび

← ローストビーフ

「作るのが面倒」とか「難しいのでは？」なんて思われがちなローストビーフですが、こんなに簡単な肉料理はないんじゃないの？　と思っています。だってフライパンで焼き目をつけたら、あとはオーブンに任せるだけなのですから。

　ローストビーフといえば、すりおろしたホースラディッシュと一緒に食べるのが定番。ローストした肉と辛みの利いたホースラディッシュの相性は言わずもがな。でも、鮮度のよいものが手に入らない場合もあって、泣く泣くホースラディッシュなしのローストビーフにしていました。別名〝西洋わさび〟とも呼ばれるホースラディッシュ。あるとき、だったらわさびも相性よいかも！と思い立ち、試したところ、これがなかなかいけたのです。新鮮なわさびは松本城近くの小口わさび店のもの。季節によって葉わさびが手に入るときもあって、一緒に添えることも。ぴりっとした辛みがお肉にぴったりなんですよ。

作りやすい分量

①牛ももかたまり肉700gに塩、こしょうをまんべんなくふり、数カ所包丁で切り込みを入れる。適当な大きさに切ったにんにく1片を肉に入れた切り込みに差し込み、ラップで包んで2時間ほどおく（室温）。

②フライパンにたっぷりめにバターを入れ、火にかける。溶けかけたら①を入れ、表面を焼く。

③140℃に温めたオーブンで②を（下にアルミホイルを敷く）30分焼いた後、全体にホイルをして30分ほどおく（好みで、出た肉汁をフライパンにもどし入れ、とろっとするまで煮詰めてソースにしても）。

④③を食べやすく切り、すりおろしたわさびとわさびの葉を添えて、一緒に食べる。

八幡屋礒五郎の七味唐からしとゆず七味

素うどんに パラリとひとふり

長野県、長野市。善光寺の表参道沿いに店を構える八幡屋《やわたや》礒五郎《いそごろう》。店内はいつも参拝帰りのお客さんでごった返しています。お目当てはピリリとした辛みの七味唐辛子。長野県のみならず、今では日本国中の百貨店やスーパーで手に入る、八幡屋礒五郎の七味唐からし。金、銀、青、赤四色のブリキ缶をひと目見ただけで「あ、八幡屋礒五郎の七味だ!」なんて思う人は多いのではないでしょうか? その歴史はとても古く、元文元年(一七三六年!)、初代勘右衛門が善光寺の境内で売り出したのがはじまりとされています。

唐辛子をベースに、山椒、ごま、陳皮、紫蘇、しょうがなど七種の味をブレンドし、独特の風味を出しているこの七味(七味には定義はなく、七種の材料はお店によって少しずつ違うのだとか)、お鍋、お蕎麦、焼きとり、豚汁、お揚げの焼いたの……などにひとふりすると、料理の味わいが一段と華やぐから不思議。我が家の冷蔵庫には、この七味のほかに、七味に柚を加えた、ゆず七味も常備していて「何か、もうひと味……」というときにパパッとふっています。開封したて、風味が一番よいときに作るのがこの素うどん。これで七味の味と風味を思う存分楽しみます。

2人分

①鍋に水4カップとだし醤油(P.62参照)1/2カップを入れ、ひと煮する。
②うどんは表示通りにゆで、ざるに上げて水でしめ、水けをきって湯通ししてから丼に入れる。
③②に①をかけ、七味をふって食べる。

素うどん ←

七味

鎌倉市農協連即売所の野菜

知らなかった、おいしい味

← 四角豆とセニョリータのオリーブオイルがけ

朝八時から始まる鎌倉市農協連即売所、通称レンバイ。オープンしたてのにぎわいに毎度、びっくりさせられます。「あれ？　伊藤さん」なんて顔見知りのシェフに声をかけられたり、店の前で偶然友だちにばったり会ったりと、なんだか私もちょっとだけこの場所に馴染んだ感じ？　今日の到着時間は少し遅くて、午後の一時。だんだんと店仕舞いするお店も出てきましたが、それでも……、と奥まで進んだところで目に留まったのは身がぎゅっと締まったパプリカのような野菜。「これはフルーツパプリカっていってね、名前の通り甘いパプリカなんですよ」と、お店の方。厚めの果肉を噛み締めるたびに甘みが感じられ、おいしいのだそう。別の店では四角豆という野菜を発見。インドやインドネシアなどの熱帯アジアが原産、日本では沖縄で栽培されている野菜なのだとか（沖縄では、うりずん豆とかしかくまーみ、なんて呼ばれているそう。なんだかかわいい）。これは炒めたり、天ぷらにして食べるんですって。こんなふうにいろいろ買い込んで、その日の夜は家で野菜祭り！　さっとゆでたセニョリータと四角豆は、オリーブオイルと塩で「いただきまーす」。

作りやすい分量

①セニョリータ2個はヘタと種を取り、半分に切る。
②沸騰した湯に①と四角豆3〜4本を入れ、さっとゆでる。
③セニョリータと四角豆を食べやすい大きさに切り、器に盛る。塩とオリーブオイル各適量をまわしかける。

空芯菜

くたくたがいい感じ

← 空芯菜のオイル煮

セニョリータと四角豆は歯ごたえが残るくらいにさっとゆでて。空芯菜は、逆にくたくたと、やわらかくなるまでオリーブオイルで煮ます。このオイル煮、さっと炒めた青菜とはまた違い、このくたくた加減がいい感じ。バゲットの上にのせてブルスケッタにしたり、パスタと和えてもなかなかいけます。味は同じオリーブオイルと塩だけなのに、セニョリータと四角豆のお皿と、この空芯菜とではまったくおもむきの違うものになる。火の通し方や味つけのタイミングがちょっと違うだけで、こうも変わるとは……。だから料理はおもしろいなぁ、といつも思うのです。

オイル煮は空芯菜だけでなく、ほうれん草、青梗菜《チンゲンサイ》など、葉野菜ならばなんでも。菜の花やブロッコリー、カリフラワーで作ってもおいしいので(この場合、水分が足りなければときどき足して)、うまくいったらこの次はこれ、なんて試してみるといいかも。オイルも、オリーブオイルだけでなく、ごま油や、くるみオイルでも。この野菜にはこのオイル、といったふうに自分好みの味を追求してみるのも楽しいですよ。

作りやすい分量

①空芯菜1把はざく切りにし、葉を上に、茎を下にして鍋に入れる。芯を取ってつぶしたにんにく2片とオリーブオイルふたまわしを加え、ふたをして火にかける。

②ジューッと音がしてきたらヘラで鍋中をざっと混ぜて中火にし、再びふたをする。そのままくたくたになるまで蒸し炒めにする(途中、ときどき様子を見てざっと混ぜる)。仕上げに塩で調味する。

鎌倉市
農協連即売所

鎌倉界隈には友だちがたくさん住んでいることもあって、遊びに行くこともわりとしょっちゅう。海も山もあって、どこかのんびりした雰囲気が漂っていて、訪れるたびに「いいところだなぁ」と思います。ビオワインが充実しているワインショップ、こだわりのデリカテッセンの店、イタリア食材店など、おいしくて気の利いた店も多くて、うらやましい限り。

鎌倉の連売と呼ばれる野菜の市場も友だちに案内してもらった場所のひとつ。外国人の牧師さんから「ヨーロッパでは農家の人が自分で育てた野菜を決めた日に直接販売している」という話を聞いたことからはじまったそう。昭和三年には市場として発足、と長い歴史に育まれてきたところなのでした。販売棚には、じゃがいも、トマトといったお馴染みのもの以外に、珍しい野菜やハーブも。聞けば、この界隈のレストランのシェフが買いつけにやって来ることも多く、生産者の人に「こんな野菜、作って」なんてリクエストするシェフも多いのだとか。どんな味がするんだろう？　どうやって食べるんだろう？　ここで出合った興味をそそられる野菜は、買って帰り、家で料理します。だから、いつもつい、せっかくだからとあれこれ買ってしまうのです。いろいろ知ったつもりになっていても、まだまだ知らない味ってあるもの。連売はそんなことを教えてくれる場所でもあるのです。そんな私に対し、鎌倉在住の友人は、早起きできたときくらいしか来ない、なんてのんびりしたもの。いいなあ……。家の近所にこんな市場があったら毎日来ちゃうのに。

万寿満なすや、まっ白な、たまごなす……。ここはなすコーナー。なすもいろいろあるんですね。「たまごなす」なんてネーミングもかわいい。おすすめの調理法や特徴が値段とともに記されているので、ついフンフンと読んでしまいます。

ゴーヤーはサラダに。キタアカリはローズマリーでマリネしてローストに。

「きゅうり、くださいな」と声をかけると「どれがいいかしらねぇ？　あ、これなんか実がパンッとしてていいわよ」と、おばちゃん。市場はこんなやりとりが楽しい。

ここは市場内に常設されている八百屋さん。寝坊したらここで買い物すればいいんだよ、とは地元ののん気な友人談。

近所の人が気軽に買いに来られる街中の市場。うらやましい！

市場内の入口に常設されている乾物のお店では、お豆もいろいろ売っています。

八幡屋礒五郎の粉山椒

びりびり。親子丼にはこれ

一三四頁で紹介した、八幡屋礒五郎の七味唐からしとゆず七味のほかに、もうひとつ忘れちゃいけないものがありました。それがこの八幡屋礒五郎の粉山椒です。善光寺の北西に位置する西山と呼ばれる地域をはじめ、地元産の良質な山椒を使って作られるこの山椒、舌先がびりりっとするパンチの利いた辛みが持ち味です。山椒といえば鰻？　もちろん鰻を食べるときには欠かせませんが、私は塩と混ぜて天ぷらにつけたり、麻婆豆腐に入れたりして、その独特のびりっとした辛みを楽しんでいます。

親子丼のときは、必ず山椒を上にふりかけて。ふわっとした卵の甘みに山椒の刺激がぴったり。七味の缶を開封したてに素うどんを作るのと同じように、山椒の瓶を開けた日は、親子丼を作ることにしています。ところで、最近知ったのですが、〇・二gずつ小分けされたものが三〇袋入ったプラスティックケースもあるのだとか。通はこちらを選択するのだとか。瓶入りを使い切ったらこちらにしようかなぁ、と迷っている最中です。

作りやすい分量

①鶏もも肉1枚は余分な脂を取り、皮をはいでひと口大に切る。
②鍋に①と水1と1/2カップを加え、煮る。鶏肉に火が通ったらだし醤油（P.62）1/2カップを加え、ひと煮する。
③②に溶き卵3個をまわし入れ、半熟のところで火を止める。
④茶碗にご飯適量を盛り、③をのせて、山椒を適量ふる。

← 親子丼

アルチェネロのパスタ

ひと皿で大満足

←野菜のスープ

毎日の食事に欠かせない主食は、近所の市場やスーパーで手に入れやすいものがいい。常々そう思っています。ストックがなくなってもすぐに買い足せる。そんな安心感がいいのです。

スパゲッティーニ、蝶々の形をしたファルファーレ、ペンネ、全粒粉入りなど、近所のスーパーには、アルチェネロのパスタがずらりと揃っています。我が家では数種類買いおきして、料理によって使い分けしています。このスープは、ピュレにした野菜をベースに卵とレンズ豆を一緒に煮込んだもの。これだけでも栄養満点なのですが、ポキポキ折って煮込んだパスタが入っていることで、さらに満足いくひと皿に仕上がっています。食欲がないときも少し口に入れれば元気になる。これもパスタのおかげかな。

作りやすい分量

①鍋にオリーブオイル適量と包丁の腹でつぶしたにんにく1片を入れ、火にかける。いい香りがしてきたらにんじん1本、キャベツ1/2個、玉ねぎ1個をそれぞれひと口大に切って加え、炒め合わせる。

②野菜がしんなりしたらトマト缶2缶と缶4杯分の水を加える。煮立ったら弱火にし、コリアンダーパウダーとクミンパウダー各大さじ1、サフランひとつまみを加え、1時間ほど煮る。

③塩で味をととのえ、粗熱が取れたらフードプロセッサーでなめらかなペースト状にする。

④鍋に③をもどし入れ、火にかける。煮立ったら軽く湯通ししたレンズ豆ひとつかみと、食べやすい長さにポキポキ折ったスパゲッティーニを加えて20分ほど煮る。仕上げによく溶いた卵3個をまわし入れ、火が通ったらでき上がり。

＊残った分は密閉容器に小分けにし、冷凍庫で1カ月間ほど保存可。

冷凍パイシート

冬になると恋しくなるんです

← タルトタタン

冬になると恋しくなるお菓子、それがタルトタタンです。おいしいと評判のお菓子屋さんを求めて西へ東へ……。そんな私を見た友人が「そんなに好きなら自分で作ってみれば？」と作り方を教えてくれたのがきっかけとなり、私のタルトタタン作りが始まりました。一見、難しそうですが、冷凍のパイシートを使うので、コツさえつかめば意外に簡単。友だちのレシピとパイシートのおかげで、憧れだったタルトタタンはとても身近なお菓子になりました。焼くときはいつも実家の耐熱皿を拝借。実はこの耐熱皿の口径、パイシートとほぼ一緒。りんごの上にパイシートがちょこんとのった姿がなんともかわいいのです。

直径20cm×高さ5cmの型、1台分

①りんご（紅玉）6個は4等分し、芯を取って皮をむく。型の内側全体に、薄く無塩バターを塗っておく。
②鍋に①のりんごと砂糖大さじ3、レモン汁1個分を入れ、弱火でりんごがうっすら透明になるまで煮る。
③別の鍋にグラニュー糖大さじ5と水大さじ1を加え、カラメルソースを作る。程良いカラメル色になったら火からおろし、①の型に流し入れる（＊くれぐれも焦がしすぎないように）。
④③に②のりんごをぎゅーぎゅーに詰め、180℃に温めたオーブンで1時間ほど焼く。途中、何度かヘラでりんごを押しつける。
⑤パイシート1枚を室温にもどし、フォークでところどころ穴をあける。④の上にかぶせ、同温でさらに20分焼く。粗熱が取れたら冷蔵庫に入れてひと晩味を馴染ませる。食べやすい大きさに切り、砂糖適量を加えて好みの加減に泡立てた生クリームを添えて食べる。
＊りんごは身の締まった小ぶりのものがおすすめです。

かぼす本家の柚こしょう

柚こしょう、LOVE

あまりに柚こしょうが好きなので、自分で作っていた時期がありました。毎回、「せっかく作るのならば」と大量に仕込むのですが、でき上がった瓶詰めがずらりと並ぶ姿を見て「こんなにどうするんだろう?」と途方にくれる、その繰り返し。そう、いくら好きでもそんなに食べられるものではないのですよね……。最近は、無理せず買うことにしています。このかぼす本家の「柚こしょう」は、香り高い青柚の皮と青唐辛子を塩蔵し、熟練した職人の手によって練り上げられたものだとか。ひと口食べてびっくり。ねっとり感といい、香りといい、自分で作ったのと全然違う!　もっと早く出合っていたかった……。かぼす本家は、スタンダードな青柚と青唐辛子の柚こしょうのほかに、黄柚の皮と赤唐辛子で作られた赤い柚こしょうや、かぼすの皮と青唐辛子、黄柚と黄唐辛子、柚こしょうににんにくのペーストを混ぜたものなど、いろいろな種類があるそう。さすが柚こしょうの聖地、九州・大分です。この瓶を食べ終えたら、次は別の味にしようかな……、柚こしょうへの想いは尽きません。

2〜3人分

①ブラックタイガー12尾は殻をむいて背ワタを取り、包丁で粗めにたたき、塩少々と、酒大さじ1を混ぜる。
②ボウルに①と片栗粉大さじ1を加えて混ぜ、ピンポン玉くらいの大きさに丸める。
③②のまわりに片栗粉を適量まぶしつけ、180℃の揚げ油できつね色になるまでからりと揚げる。柚こしょうをつけながらいただく。

← エビ団子

三谷製糖羽根さぬき本舗の
和三盆糖

はんなりした
やさしいお味です

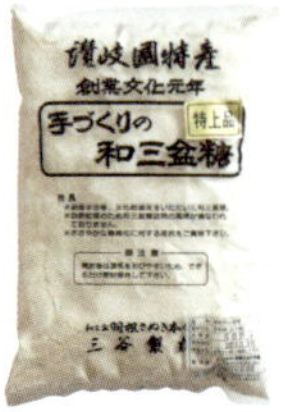

← 白花豆のお汁粉

サトウキビの搾汁液から灰汁《あく》を取り、沈殿物を取り除いて煮詰める。さらに木綿の袋に入れて加圧し、分蜜。その後、〝研ぎ〟と呼ばれる作業を繰り返し、自然乾燥させると、雪のような、さらさらの和三盆糖のでき上がり。一工程にかかる時間はおよそ一週間！　今なお昔ながらの製法で作られているのが、三谷製糖羽根さぬき本舗の和三盆糖です。この和三盆糖を木型で抜いたお菓子〝和三盆〟がとても好きな私。讃岐を訪れたとき、ぜひ買って帰りたいと思い、立ち寄ったお店でみつけたのがこの和三盆糖でした。「お餅、パン、おだんご等につけて、そのままの和三盆糖の味をお味わいください」と袋の裏に書いてある通り、あれこれと試してみると、いつもの甘みを和三盆糖に替えただけで、なんとも上品な味になるのです。おすすめは、白インゲン豆のお汁粉。もともと煮くずれてしまったお豆をペーストにしてみたら？　と試しに作ってみたのがはじまりだったのですが、今ではこのお汁粉食べたさに、豆を煮ています。まさに失敗は成功のもと、ですね。

作りやすい分量

①白花豆100gはたっぷりの水につけ、ひと晩もどす。
②①をそのまま鍋に移し、豆がかぶるくらいに水を加えて火にかける。沸いてきたらアクをひき、弱火でやわらかくなるまでゆでる。
③②のゆで汁をしっかりきってフードプロセッサーでなめらかになるまで撹拌し、水2カップ、和三盆糖1カップを加えてさらに撹拌する。鍋に移し入れ、温めてから食べる。

揖保乃糸

素麺のなかの素麺

← 海ぶどうチャンプルー

沖縄の知人宅に遊びに行ったとき、お酒を飲んだ最後の〆に、素麺チャンプルーを出してくれました。ゆでた素麺をごま油で炒め、醤油で味つけしたシンプルきわまりないチャンプルー！　素麺といえば、薬味とともに麺つゆをつけながらチュルチュルといただく定番の食べ方しか頭になかった私。そのもちっとした食感がすっかり気に入り、帰ってさっそく作ってみたのが、この海ぶどうチャンプルー。教えてもらったチャンプルーに沖縄の市場で買った海ぶどうをのせてみたのですが、プチプチした海ぶどうと素麺の触感が合うことったら！「素麺はいつも買い置きしているの。ほら、台風なんかで家から出られないときでも、これがあればなんとかなるから」という（台風、というところがいかにも沖縄）知人の言葉を思い出し、ストック食材のリストに〝揖保乃糸の素麺〟をいそいそと加えました。ところで、揖保乃糸には全体の生産の八〇％を占める赤い帯の上級の他に等級がいくつかあること、知っていました？　私はときどき贅沢をして上質の小麦粉を使って厳寒期に作られるという黒帯の特級を買います。素麺のなかの素麺！　という風格漂う味わいなんですよ。

2人分

①素麺2把は熱湯でゆで、ざるに上げて水でもみ洗いしてしめる。
②フライパンにごま油大さじ1を熱し、①を炒める。油がまわったら醤油をひとたらしし、ざっと合わせる。
③器に②を盛り、海ぶどうを適量のせる。

問い合わせ先

データは二〇一三年三月現在のものです。

p.8 MAILLE コルニッション
p.20 MAILLE 白ワインビネガー
p.54 MAILLE 種入りマスタード
p.106 テーブルコショー
エスビー食品
東京都板橋区宮本町38-8
☎0120・120・671

p.10 赤ピーマンの炭火焼き
マレ ノストルム
東京都港区白金台4-9-10
☎03・5447・6099

p.12 いりごま 白 黒
祇園むら田
京都府京都市東山区祇園下河原町478
☎075・561・1498

p.14 エシレ発酵バター
片岡物産
東京都港区新橋6-21-6
☎0120・941・440（お客様相談室）

p.16 千鳥酢
村山造酢
京都府京都市東山区三条大橋東3-2
☎075・761・3151

p.18 サンテラモ
エクストラ ヴァージン
オリーブオイル オーガニック
光が丘興産
東京都練馬区高松5-8-20
☎03・5372・4619

p.22 クスクス
ギャバン
東京都中央区入船1-9-12
☎03・3537・3020

p.24 ツルヤ オリジナル
マイルド ブレンド
丸山珈琲
長野県北佐久郡軽井沢町
軽井沢1154-10
☎0267・42・7655

p.26 白砂糖
p.28 三温糖
日新製糖
東京都中央区日本橋小網町14-1
住生日本橋小網町ビル
☎0120・341・310
（お客様相談室）

p.30 搾菜
東栄商行
兵庫県神戸市中央区
下山手通2-5-6
☎078・321・3765

p.32 九鬼ヤマシチ純正胡麻油
九鬼産業
三重県四日市市尾上町11
☎059・350・8615

p.34 シメイトラピストビール
ホワイト
三井食品
東京都中央区八重洲2-7-2
☎0120・062014

p.36 COW BOOKS Original
Cinnamon Fig Berry Granola
COW BOOKS 中目黒
東京都目黒区青葉台1-14-11
☎03・5459・1747

p.38 ケイパー塩漬け IL MONGETTO
ノンナアンドシディショップ
東京都渋谷区恵比寿西2-10-6-102
☎03・5458・0507

p.40 釜揚げしらす
p.46 じゃこ
紋四郎丸
神奈川県横須賀市秋谷1-8-5
☎046・856・8625

p.48 Maldon Sea Salt Flakes
鈴商
東京都新宿区荒木町23
☎03・3225・1161

p.50 四川豆板醤
源 豊行
神奈川県横浜市中区山下町191
☎045・681・5172

p.52 H.T.Emicott メープルシロップ
田辺インターナショナル
東京都港区芝4-9-2三富ビル2F
☎03・3452・3205

p.56 松田のマヨネーズ
ななくさの郷
埼玉県児玉郡神川町大字上阿久原83-2
☎0274・52・6510

p.58 ドライ レンズ豆（ピュイ産）
ナショナル麻布スーパーマーケット
東京都港区南麻布4-5-2
☎03・3442・3271

p.60 蝦子麺
明正産業
神奈川県藤沢市辻堂2-8-14
☎0466・36・3042

p.62 紫大尽 醤油
p.88 ぽん酢
大久保醸造店
長野県松本市里山辺2889
☎0263・32・3154

p.64 アンチョビ BALENA
稲垣商店
東京都渋谷区鉢山町7-5
☎03・3462・6676

p.66 紹興酒
興南貿易
東京都稲城市百村2-29-32
☎042・370・8881

p.72 アンデス岩塩
p.72 イスラエル死海の湖塩
p.72 ユタ州リアルソルトコーシャー
p.72 シチリア島岩塩
p.74 トリュフソルト
p.74 ポルチーニソルト
p.76 ドライトマト
p.78 クルミ油
DEAN & DELUCA 品川
東京都港区港南2-18-1
アトレ品川 2F
☎03・6717・0935

p.80 豆腐
p.82 油揚げ
富成伍郎商店
長野県松本市大字原90-3
☎0263・46・0307

p.90 ラスピニ
パンチェッタ ブロック
成城石井 成城店
東京都世田谷区成城6-11-4
☎03・3482・0111

p.92 APOC
バターミルク
パンケーキミックス
アポック
東京都港区南青山5-16-3-2F
☎03・3498・2613

p.94
有機コーディアル
エルダーフラワー
ユウキ食品
東京都調布市富士見町1-2-2
☎0120・69・5321

p.96
やきのり
田庄
東京都大田区東糀谷5-18-5
☎03・3742・4035

p.98
オーボンヴュータン
タルティヌ カラメル サレ
かわた菓子研究
オーボンヴュータン
東京都世田谷区等々力2-1-14
☎03・3703・8428

p.100
キハダマグロの
オリーブオイル漬け
イータリー代官山店
東京都渋谷区代官山20-23
☎03・5784・2736
オルトレヴィーノ
神奈川県鎌倉市長谷2-5-40
☎0467・33・4872

p.102
ル プルネル
オーガニックプルーンピュレ
CHOOSEE（チューズィー）
東京都渋谷区松濤1-3-8
☎03・5465・2121

p.104
モン・ドール
フロメックス ジャポン
東京都港区高輪4-3-3-101
☎03・5793・8080

p.108
ナンプラー
アライドコーポレーション
神奈川県横浜市都筑区中川中央1-27-6
☎045・911・1811

p.110
スピガドーロ・ホールトマト
モンテ物産
東京都渋谷区神宮前5-52-5
☎0120・348566

p.112
カクキュー八丁味噌
八丁味噌
愛知県岡崎市八帖町字往還通69
☎0564・21・0151

p.114
アジアソース
LONG TRACK FOODS
神奈川県鎌倉市由比ガ浜2-16-1
☎0467・24・7020

p.120
明治屋の牛肉
玉川髙島屋
ショッピングセンター 本館B1
明治屋 精肉売り場
東京都世田谷区玉川3-17-1
☎03・3709・2222
（玉川髙島屋S・C代表）

p.122
永楽の伊府炸麺
永楽製麺所
神奈川県横浜市中区山下町92-3
☎045・663・2000

p.124
大木のハム
大木ハム
神奈川県横浜市中区元町5-205
☎045・681・6997

p.126
松仙堂の純栗ペースト
松仙堂
長野県上高井郡小布施町飯田607
☎026・247・3262

p.128
フェレロのアリサ
アルカン
東京都中央区日本橋蛎殻町1-5-6
☎0120・852・920

p.130
ギア サンドライド トマトペースト
ウイングエース
東京都港区虎ノ門3-18-19
☎03・5404・7533

p.132
わさびと葉わさび
小口わさび店
長野県松本市大手3-7-7
☎0263・33・3986

p.134
七味唐からし　ゆず七味
p.144
粉山椒
八幡屋礒五郎
長野県長野市大門町83
☎0120・156・170（本社）

p.136
鎌倉市農協連即売所の野菜
鎌倉市農協連即売所
神奈川県鎌倉市小町1-13-10
☎0467・44・3851
（JAさがみ鎌倉地区運営委員会事務局）

p.146
アルチェネロ 有機スパゲッティ
日仏貿易
東京都千代田区霞が関3-6-7
☎0120・003・092

p.148
ベラミーズ パイシート
三友フーズ株式会社
東京都千代田区岩本町3-3-6
☎0120・81・4166

p.150
柚こしょう
かぼす本家
大分県別府市大字南立石697
☎0977・23・1727

p.152
讃岐和三盆糖
三谷製糖 羽根さぬき本舗
香川県東かがわ市馬宿156-8
☎0879・33・2224

p.154
揖保乃糸 特級品
揖保乃糸資料館「そうめんの里」
兵庫県たつの市神岡町奥村56
☎0791・65・9000

伊藤まさこ

1970年、神奈川県横浜市生まれ。文化服装学院でデザインと服作りを学ぶ。料理など暮らしまわりのスタイリストとして女性誌や料理本で活躍。なにげない日常に楽しみを見つけ出すセンスと、地に足のついたていねいな暮らしぶりが人気を集めている。おいしいものが大好きな食いしん坊。いつもおいしい食材探しのアンテナをはりめぐらせている。おもな著書に『軽井沢週末だより』（集英社）、『松本十二か月』（文化出版局）、『家事のニホヘト』（新潮社）、『信州てくてくおいしいもの探訪』（文藝春秋）、『毎日　ときどき　おべんとう』『まいにち、まいにち、』『ちびちび　ごくごく　お酒のはなし』『伊藤まさこの台所道具』（以上、PHPエディターズ・グループ）など多数がある。

ブックデザイン
渡部浩美

撮影
有賀　傑

PD
千布宗治・冨永志津

編集協力
赤澤かおり

伊藤まさこの食材えらび

2013年5月27日　第1版第1刷発行
2013年8月23日　第1版第4刷発行

著　者　伊藤まさこ
発行者　清水卓智
発行所　株式会社PHPエディターズ・グループ
〒102-0082　東京都千代田区一番町16
電話　03-3237-0651
http://www.peg.co.jp/
発売元　株式会社PHP研究所
東京本部　〒102-8331　千代田区一番町21
普及一部　電話　03-3239-6233
京都本部　〒601-8411　京都市南区西九条北ノ内町11
PHP INTERFACE　http://www.php.co.jp/
印刷所
製本所　凸版印刷株式会社

ISBN978-4-569-81216-8